Hans mein Igel

Prolog im Zauberwald

Endlich hast Du hingefunden zum Zauberwald, nun schreite nur mutig voran, tief hinein ins Holz, wohin weder Weg noch Steg führen. Im innersten Herzen des Zauberwalds, dort wo er ganz und gar undurchdringlich ist, wirst Du unvermittelt auf eine Lichtung stoßen. In ihrem Zentrum steht eine Steineiche. Ihr Stamm ist so dick, dass sich eine ganze Schweineherde dahinter verstecken kann.

Nähere Dich der Eiche in Verehrung. Klopfe dreimal an ihren Stamm – im rechten Takt. Eine verborgene Türe wird sich auftun, die unsichtbar in die Rinde geschnitten ist und vor Dir dreht sich eine Wendeltreppe linksherum in die Tiefe, aus der Dir silbriges Licht entgegen scheint.

Die Stufen sind ins Holz des Eichbaums geschnitten, das Stufe um Stufe mehr und mehr versteinert. Die Wände sind jetzt feucht bemoost und schimmern fahl in dem Silberlicht, das Schritt für Schritt strahlender wird.

Die Treppe aber wird schmaler und scheint sich wie ein Korkenzieher immer enger und enger in die Tiefe zu drehen. Noch dichter rücken die Wände heran, bis sie schon rechts und links an Deine Schultern drücken und noch enger an Dich heranrücken. Fast müsstest Du stecken bleiben, wenn sich nicht just in dem Moment der Gang in eine weite Höhle eröffnen würde, hoch wie ein Dom, dass Du das Deckengewölbe im Lichterglanz des Silbers nur ahnen kannst.

Mosaike von Edelgestein kleiden die Wände dieses Felsendoms aus. Orakelhafte Bilder von Helden, geheimnisvollen Wesen, magischen Tieren und unermesslichen Schätzen von Gold und Zauberkraft.

So sehr ist Dein Auge von der Pracht geblendet, dass Du den Thron am Kopfende der Höhlenhalle erst spät entdeckst. Da ist auf einer Empore ein Baldachin von moosigem Sammet gespannt und darunter ein Thron aus Rosenquarz geschnitten. Und darauf sitzt ein Männlein so alt wie der Berg selbst, das trägt eine rote Zipfelmütze unter seiner Krone von schwerem Silber. Und sein Bart fließt silbergrau den Thron hinab, die Empore hinunter und quer durch den Saal hin bis vor Deine Füße wie ein plätscherndes Gebirgsbächlein.

Das ist der Zwergenkönig. Wenn Du ihn nun endlich entdeckt hast, wird er Dich zu sich winken. Du tust gut daran, der Einladung zu folgen. Aber gib acht, dass Du nicht auf seinen Bart trittst, sonst musst Du sterben.

Wenn Du Dich dem König der Zwerge in Achtung näherst, wird er Dir dreizehn Bücher zeigen, dass Du Dir eines davon erwählst. Er wird es Dir schenken. Wenn Du es aber aufschlägst, so wirst Du nichts als leere Seiten darin sehen. Frage nicht. Es ist weder die Zeit noch der Ort, Fragen zu stellen. Bedanke Dich und troll Dich mit Deinem Buch.

Du wirst suchen müssen. Einen gibt es, der hat eine Brille mit zwei verschiedenen Gläsern. Doch niemand kennt ihn, niemand hat ihn je gesehen. Er wandelt sich, erscheint mal als dieser, mal als jene, mal als altes Weib, dann als Knabe. Deine Geduld wird geprüft werden, denn Du wirst viele treffen, die Dir falsche Brillen anbieten. Wehe, Du liest Dein Buch mit einer verwunschenen Brille!

Wenn Du aber die Not nicht scheust, wenn Du nicht zu fragen aufhörst, wenn Du nichts sehnlicher wünscht, als in Deinem eigenen geheimen Buch zu lesen, dann wird der Unbekannte Dir die Brille zustecken oder auf den Weg legen, Dir als Lohn für einen Dienst schenken oder von einem goldenen Vögelchen zutragen lassen.

Geschwind, setze die Brille auf! Sie hat zwei verschiedene Gläser. Wenn Du durch das eine schaust, dann liest Du eine wundersame Geschichte, die immer, wenn Du sie wieder liest, anders zu laufen scheint und anderes bedeuten will. Wenn Du aber durch das zweite Glas schaust, dann liest Du Deine eigene Lebensgeschichte, die in diesem Buch niedergeschrieben ist. Denn es ist das Buch Deines Lebens.

Dieses Buch hier ist das elfte der dreizehn Bücher. Setz Deine Zauberbrille auf und schau nach, ob es Deine Lebensgeschichte ist, die hier schon aufgeschrieben wurde, lange bevor Du in diese Welt kamst. Denn das ist das Geheimnis dieses Buchs. Es weiß mehr, als es verrät. Du musst ihm hinter die Seiten kommen, um es zum Reden zu bringen.

Schau die Bilder in den Wörtern, um die verborgenen Sätze zu finden. Zieh fort, wo Du nicht bleiben kannst. Schwing Dich auf Dein Göckelhähnchen und lass Dich hoch hinauf in den Eichbaum tragen. Weit unter Dir liegt der Wald mit seinen Schweinen und Eseln. Ein König wird kommen und ein anderer. Bleib Dir treu, wenn die Dornenranken aus dem Unterholz nach Deinen Beinen greifen. Hörst Du da nicht den lieblichen Klang eines Dudelsacks...

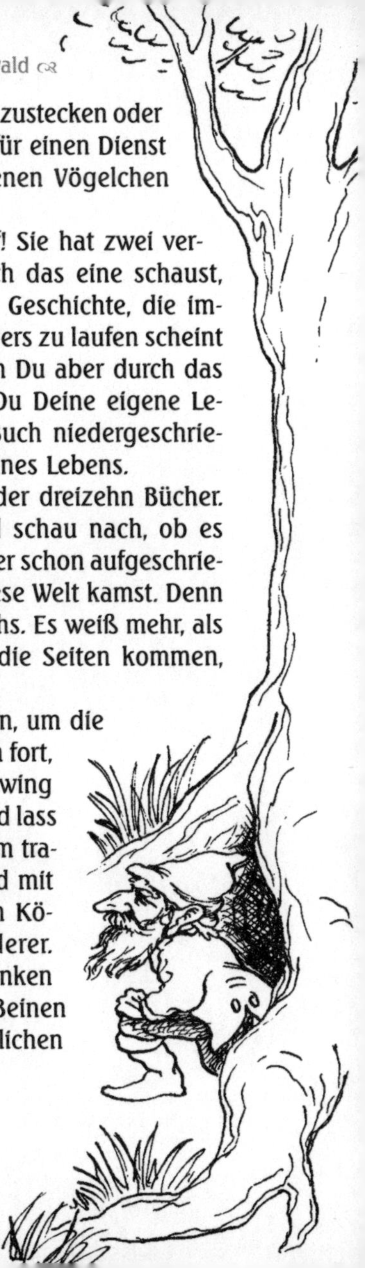

Felix von Bonin

Hans mein Igel

Das behinderte Kind

Heilung durch Märchen

11
13

Lasst mich doch einfach sein

Param Verlag

Können wir auf Märchen verzichten? Märchen geraten in unserer Zeit immer mehr in die Bedeutungslosigkeit. Einzelne Märchenfiguren sind noch sprichwörtlich bekannt, aber ihre wahre Bedeutung und die seelische Botschaft, die sie uns zuraunen wollen, wird überhört, missachtet, verkannt. Es sind ja ›nur‹ Märchen.

Kinder werden überhäuft mit lustigen bunten Büchlein und Hörspielkassetten. Märchen sind selten dabei und wenn, dann sind sie fragwürdig inszeniert oder gar verballhornt. Es sind ja ›nur‹ Märchen.

Selbst Erzieher und Pädagogen haben den Blick verloren für den hohen Stellenwert, den Märchen in der Reifung der kindlichen Seele einnehmen, und für das Heilungspotenzial für die unvermeidlichen Erschütterungen auf dem Weg der Reifung.

So verschwinden die Märchen Generation um Generation aus unserer Kultur bzw. dem, was davon verblieben ist. Märchen sind ein Teil davon. Märchen vermitteln ein Wissen, dass nicht in Schulbüchern steht, aber für das Seelenleben so wichtig ist. Immer mehr Kinder aber kommen mit Märchen nicht mehr in Berührung. Dürfen wir unseren Kindern Märchen vorenthalten? Können wir wirklich auf Märchen verzichten?

Aber natürlich können wir! Wir können schließlich auf vieles verzichten und tun das ja auch im Namen des Fortschritts. Aber auf gesunde Nahrung können wir doch wohl nicht verzichten. Wieso? Die überwiegende Mehrheit der modernen, zivilisierten Menschen tut das heute ganz ›fortschrittlich‹ längst – auch wenn es ihnen vielleicht nicht bewusst ist, weil sie nicht wirklich darüber nachdenken, wenn sie die Folien und Pappschachteln aufreißen und in der Mikrowelle aufheizen.

Auch weniger gesundes Essen macht schließlich satt. Und die biologischen Folgen sind so, so schleichend, zeigen sich meist erst nach Jahren und Jahrzehnten. Und dann werden sie oft nicht erkannt, weil die Mehrheit betroffen ist und es deshalb als ›normal‹ betrachtet wird.

Im gleichen Sinne können wir natürlich auch auf Märchen verzichten, unseren Kindern Märchen vorenthalten und sie mit ›Fertignahrung‹ abfüttern. Auch die seelischen Mangelerscheinungen werden nicht gleich sichtbar. Und später beim Erwachsenen muss man mit tiefenpsychologischem Aufwand graben, um das verängstigt schluchzende innere Kind aus dem Betonblock herauszumeißeln, in den es zwecks Ruhigstellung gegossen wurde: ein nützliches Mitglied der Gesellschaft. Wem zum Nutzen?

Märchen haben die Energie, diesen Block zu zersetzen. Werden sie deshalb heute gemieden?

Märchen heilen

Auf der organischen Ebene ist es nicht möglich, auch nur einen Entwicklungsschritt auszulassen. Deswegen durchläuft der Fötus alle Stadien der biologischen Genese, vom Einzeller über die Amphibien bis zum *Homo sapiens.* Kommt es dabei zu Störungen, sind Missbildungen die Folge.

Auf der seelischen Ebene ist das nicht anders, nur dass die ›Missbildungen‹ nicht so augenscheinlich sind. In der Entwicklung des Bewusstseins der Menschheit hat es eine Zeit gegeben, wo die Trennung von Subjekt und Objekt, von Ich und Nicht-Ich, noch nicht vollzogen war. Diese Zeit bezeichnen wir als archaisch.

Der archaische Mensch steht auf der Schwelle dieser Bewusstwerdung: Ich. Schmerzhaft ist dieser Schritt, denn er bedeutet ein Herausfallen aus der natur-mütterlichen Geborgenheit, er bedeutet Verantwortung. Und er bedeutet die unerträgliche Entsagung, nach der Entdeckung des Egos und der eitlen Freude daran, fortzuschreiten zum *Alter ego* und zum All-Ego.

Jedes Kind muss in seiner seelischen Entwicklung über diese Schwelle gehen. Die wunderbare Symbiose mit der Mutter zerbricht, zerplatzt wie eine Fruchtblase. Plötzlich sind Püppchen keine Kinder mehr, sondern ausgestopfte Stoffsäckchen; aus Bauklötzen entstehen keine Burgen und Hochhäuser mehr, sondern nur noch Holzhaufen. Dort eine widerstrebende, feindliche Welt – ich hier, so klein. Genau an dieser Schwelle siedeln die Märchen, raunen Richtung und Rat.

Märchen machen Mut, hinaus zu gehen in diese in Scherben zerfallene Welt und die verlorene Einheit des Selbst wiederherzustellen (die goldene Kugel wiederzufinden), das heißt seelisch wachsen: nach diesem schweren Gang beide Sphären zu beherrschen, die Einheit *und* die Zweiheit (Dualität). Wie viele Erwachsene kennen Sie, die mit der Kindheit die Einheit *nicht* für immer verloren haben und *nicht* in der ewigen Spaltung, der Polarisierung der Objektwelt ›versteinert‹ sind – die kurz gesagt in ihren Herzen Kinder geblieben sind?

Märchen leuchten auf diesem geheimnisvollen Weg zwischen den Welten. Darin liegt ihre heilende Kraft. Märchen machen Mut, weil sie die Wirklichkeit hinter den Realitäten ahnen lassen, zeigen – und weil sie die gewöhnlichen zwischenmenschlichen Konflikte, die wir alle kennen und von denen wir viele an eigener Seele durchleiden, als Kind durchlitten haben, nicht nur symbolisch inszenieren, sondern auch archetypische Lösungswege aufzeigen.

Dass das so ist, lässt sich auf einem Märchenseminar leicht vermitteln. Selbst Menschen, die bislang nicht oder kaum mit Märchen in Berührung gekommen sind, werden von den starken Bildsymbolen tief in ihrem Innersten berührt und ihr inneres Kind bricht sein Schweigen, erzählt von seinen Verletzungen und Enttäuschungen, seinen Hoffnungen, atmet tief durch.

Die Begegnung mit dem inneren Kind setzt einen innerseelischen Prozess in Gang, der unterhalb der Bewusstseinsschwelle abläuft und immer nur so viel in unser waches Erleben abgibt, wie ausreichend vorverarbeitet ist. So kann die stille Auseinandersetzung mit einem Märchen eine ganze Weile benötigen. Immer wieder tauchen assoziierte Erinnerungen auf oder es werden spontan seelische Einsichten gewonnen, erfolgen stillschweigende Aussöhnungen oder verstrickten Personen gegenüber diskrete Verhaltensänderungen, die ihrerseits heilende Reaktionen auslösen können.

Dieser Heilungsprozess muss nicht absichtlich stimuliert oder sonst wie intellektuell begleitet oder verfolgt werden. Er wird allein durch die Begegnung mit dem Märchen initiiert und getragen. Man kann ihn aber unterstützen, indem man sich bildhaft, symbolisch, meditativ, kreativ und so weiter mit dem Märchen beschäftigt.

Anders als bei dialogorientierter Therapie ist es auch nicht nötig, diese Vorgänge sprachlich zu analysieren oder über Assoziationsketten tiefer und tiefer ins Unbewusste hineinzuschürfen. Märchentherapie, wenn man den Begriff überhaupt verwenden will, beruht weitgehend auf den Selbstheilungskräften der Seele. Wir begeben uns furchtlos in den Zauberwald, um dort unser inneres Kind zu treffen. Von ihm erfahren wir in der symbolischen Sprache der Bilder, was es erlebt hat und wie es dadurch geprägt wurde. Allein unsere inzwischen hinzugekommene erwachsene Perspektive genügt oft schon, um die Erlösung einzuleiten. Das Märchen selbst trägt dazu bei, weil es moralisch und gerecht ist (das Böse wird drastisch* bestraft) und vor allem: es geht immer gut aus.

* Gerade die drastischen Strafen geben oft Anlass zu der Kritik, Märchen seien grausam. Tatsächlich sind Märchen überhaupt nicht grausam, ganz anders als viele Comics oder Filme, die Kinder statt dessen zu sehen bekommen. Grausam sind im Märchen immer nur die Bösen und die Strafen, die sie bekommen – und das ist uns seelisches Bedürfnis.
Erwachsene bedeuten die Sprache der Seele oft falsch. Eine Ehefrau mag sagen: »Wenn er schnarcht, könnte ich ihn umbringen.« Und die Vorstellung verschafft ihr seelische Erleichterung, wie ein jeder nachvollziehen kann, doch es wird immer beim »könnte« bleiben, denn sie denkt ja ›im Traum‹ nicht daran, es wirklich zu tun.

Solche direkte Erfahrung der seelischen Kraft der Märchen ist das beste, weil an eigener Seele erlebte Argument, warum Märchen für Kinder so wertvolle Entwicklungshelfer sind.

Erwachsene, die ja längst in der Trennung von Subjekt und Objekt leben, müssen sich die Bildsprache der Märchen rational erarbeiten, um sie zurückzugewinnen. Zum Glück ist dieser Prozess genussvoller, als es klingt. Es macht einfach Spaß, in diese Welt einzutauchen, wo nicht nur alles beseelt ist, Tiere, Pflanzen, Steine, Naturkräfte, sondern jeder das auch akzeptiert.

Kinder kennen diese Bildersprache. Sie sprechen sie. Sie verstehen Märchen direkt, weil sie nur die Bilder selbst erleben und nicht die Emotionsketten und Ängste dahinter zelebrieren, die im erwachsenen Hirn an jedem dieser Bilder wie Parasiten hängen. Wenn wir lernen, die Bilder wie Kinder zu erleben, nur das sehen, was zu sehen ist, und nicht hinzutun, an was es uns erinnert, welche Ängste es in uns auslöst, und statt dessen das, was tatsächlich zu sehen ist, in aller Tiefe erleben, dann lernen wir auch, uns von den Parasiten zu befreien, die sich mit ihren geistigen Widerhaken und Saugrüsseln an unserer Seele festgekrallt haben. Wenn dem Jungen in »Von dem Machandelboom« der Kopf abgetrennt wird, dann ›sehen‹ Kinder nur den Rumpf hier und den abgetrennten Kopf da; Erwachsene dagegen ›sehen‹ das Blutgespritze, die ganze Schweinerei, das Durcheinander. Das Märchen meint mit diesem Bild aber gar keine physische Enthauptung.

Märchengeschichte

Früher wurden Märchen durch Erzählen, Weiter- und Weitererzählen verbreitet. Das ist ein langsames, aber sehr lebendiges Medium, weil nichts festgeschrieben ist und jeder Erzähler zum Mitgestalter wird, denn er reagiert auf seine Zuhörer, verändert den Text hier und da und wird immer genau so erzählen, wie es am besten ankommt, also am besten die Bedürfnisse und Erwartungen des Publikums trifft. Deshalb bleiben erzählte Geschichten lebendig.

Mit der Verbreitung des Buchdrucks und damit der Verfügbarkeit preiswerter Bücher erstarb die Erzählkultur. Im 19. Jahrhundert, als es nur noch wenige Menschen gab, die Märchen zu erzählen wussten, machten sich Literaten und Literaturwissenschaftler auf, dieses Volksgut zu sammeln, niederzuschreiben und damit zu konservieren.

Die bekanntesten, weil erfolgreichsten Märchensammler hierzulande sind die Brüder Jacob und Wilhelm Grimm, die sich durch ihre Arbeit so unlösbar mit den Märchen verbunden haben, dass »Grimmsche Märchen« heute ein Synonym für unsere Volksmärchen ist, obwohl die Grimmschen Märchen durch die kreative Feder Wilhelm Grimms oft mehr geprägt sind als durch Volkes Stimme.

Die erste Ausgabe der »Kinder- und Hausmärchen« (KHM) erschien in zwei Bänden 1812 und 1814. Sie enthält rund 200 Texte. Die letzte, von Wilhelm Grimm bearbeitete Ausgabe erschien 1857. Danach sind die Märchen von Generationen nachfolgender Literaturwissenschaftler nur noch emsig katalogisiert und bewahrt. Märchenerzähler werden oft heute noch, 150 Jahre später, gedrillt, die Märchen grimmsch bis aufs Wort zu reproduzieren.

Fraglos wären uns die Märchen längst verloren, hätte es Märchensammler wie die Grimm Brüder nicht gegeben. Allerdings wurden die Märchen mit dem Niederschreiben auch festgeschrieben. Und mit dem Aussterben der Märchenerzähler erstarb auch die Entwicklung der Volksmärchen, weil neue Eindrücke unserer Kultur und Veränderungen der Sprache nicht mehr wiedererzählend in die Märchen einbezogen wurden. Bis heute, zwei Jahrhunderte nach Grimm, lesen wir die Märchen noch in der Sprache, die damals gesprochen wurde, und in diesen Texten kommen Begriffe vor, die heute nur noch, wenn überhaupt, Germanisten und Kulturhistoriker verstehen.

Was zum Beispiel ist ein »verbuttetes« Aschenputtel? Was meinen die Kinder, wenn sie die Köchin eine »alte Sanne« nennen? Was ist eine »Lohhucke«, ein »Malter«, ein »steinerner Christoph«, »Toffeln«, »Hunkepuus«? Was sind »Sternblumen«, »Haulemännerchen« oder »welsche Nüsse« und was bedeutet es, Garn zu »schlittern«, Haare zu »schnatzen« oder zu »strählen«?

Manche Experten vertreten die Meinung, die besondere (altertümliche) Sprache gehöre zum Märchenerlebnis dazu. Ja, ist das so? Dann ist das aber erst neuerdings so, denn ehedem wurden die Märchen in Umgangssprache erzählt. Und ehrlich, welchen Unterschied bedeutet es Ihnen und mir, ob von Sneewittchen oder Schneewitchen erzählt wird? Die Märchen vorlesende Mutter ist aber verlegen, wenn Söhnchen fragt, was denn ein »Hüfthorn« sei. Wissen Sie es?

Märchen sind wahrlich kein Kinderkram, werden aber all zu gerne so behandelt. »Erzähl mir doch bloß keine Märchen!« Warum denn nicht? Kinder, aber selbst Erwachsene, die aus irgendeinem Grund mit Märchen in Berührung kommen, ein Märchen unverfälscht und uninszeniert erzählt bekommen, sind in der Regel fasziniert und tief berührt. Was ist das Faszinierende an und in den Märchen? Was berührt uns da tief drinnen, wo wir so selten wirklich sind?

Vieles, was ursprünglich das Leben bereichert hat, geht im Laufe der Zeit verloren. Wenn wir entdecken, dass es wertvoll ist, müssen wir es neu erwerben. Einsicht und Verständnis helfen uns dabei, mehr noch aber die direkte Erfahrung des Wertes: Märchen können die Seele heilen.

Ich glaube, Märchen sind so ein verlorener Wert, den wir wiedererwerben sollten. Märchen sind Balsam für die Seele. Märchen fördern die seelische Entwicklung von Kindern, und dem Erwachsenen bieten sie Gelegenheit, seinem inneren Kind (wieder) zu begegnen und sich mit ihm auszusöhnen.

Selbstheilung

Warum erzählen sich Menschen Geschichten? Um sich zu unterhalten und sich von ihren Erfahrungen zu berichten. Das ist heute nicht anders als vor zweihundert oder dreitausend Jahren. Und gute Geschichten werden weitererzählt, ausgesponnen, verändert und immer weiter- und weitererzählt. So kristallisiert sich im Lauf der Zeit die Geschichte heraus, die den Nerv der Zuhörer besonders gut trifft.

Mit den Volksmärchen haben wir einen ganzen Kanon solcher Geschichten. Viele dienten und dienen der bloßen Erbauung, einige sind auch nur Sammelgut, das sich eher zufällig im Köcher verfangen hat. Doch der Kern dieses Kanons, die ›großen‹ Märchen sind psycho-pädagogisch und tiefenwirksam, erfüllen beim Zuhörer ein Bedürfnis jenseits des Bewusstseins oder weihen ihn symbolisch in unausgesprochene Zusammenhänge, in Lebensgeheimnisse ein.

Grob lassen sich diese Kernmärchen in drei Gruppen gliedern. Die erste kann mit »Symbiose« übertitelt werden. Ihr Grundmuster ist, dass die natürliche Ordnung bedroht oder beschädigt wird oder ist und im Verlauf des Märchens durch das (meist jüngste) Kind, den Protagonisten des Märchens, wiederhergestellt wird. Märchen dieser Gruppe sind für die jüngsten Kinder, die noch in psycho-emotionaler Symbiose mit der Mutter leben, von vitaler Bedeutung. Das Märchen bestätigt die Tragfähigkeit der Symbiose mit der Mutter als Vertreterin der großen Mutter Natur. Diese Bestätigung gibt dem Kind Sicherheit und Zutrauen. Ein typisches Märchen dieser Kategorie ist »Der Wolf und die sieben jungen Geißlein« (KHM 5), aber auch »Die Bienenkönigin« (KHM 62).

Die zweite Gruppe kann unter dem Stichwort »Autonomie« subsummiert werden. Diese Märchen sprechen schon etwas ältere Kinder an, die sich im Prozess der Lösung von der Mutter, den Eltern befinden. Der Märchenheld, also in der Regel das Kind, der Däumling oder Dummling, muss in die Welt hinausziehen, um sein Glück zu suchen. Dieser Schritt in die Autonomie wird vom Kind durchaus als bedrohlich empfunden. Die liebevolle Mutter, die doch bislang für alles gesorgt hat, wird unvermittelt zur Hexe, die eigene Ziele verfolgt, das Kind fortschickt und gar bedroht. Der eindringlichste Vertreter dieser Kategorie ist »Hänsel und Gretel« (KHM 15).

Es hilft Kindern in ihrer Entwicklung und macht ihnen Mut, beispielhaft im Märchen zu erleben, wie dieser schmerzhafte Schritt in die Autonomie bewältigt werden kann, dass es eine Lösung gibt und dass am Ende alles gut herauskommt. Wenn Kinder das Märchen hören, sind sie vielleicht tief betroffen und äußern auch Ängste zum Beispiel gegenüber der Hexe, doch es ist nicht das Märchen, das ihnen Angst macht, sondern ihre Lebenssituation, die im Märchen gespiegelt ist. Modellhaft und symbolisch können sie am Märchen durchleben und -leiden, was im richtigen Leben unvermeidbar, unausweichlich und (auf der seelischen Ebene) ganz real ist.

Doch Märchen schildern den Schritt in die Autonomie nicht nur als gefährlich. Ein positiver Ausblick auf die weite Welt macht Kinder neugierig und macht ihnen Mut. Solche Märchen schildern quasi die Entschädigung für den Schmerz der Autonomie. »Daumesdick« (KHM 37) zum Beispiel unternimmt einen (erfolgreichen) Ausflug in die Welt und behauptet sich seiner mangelnden Größe zum Trotz, ist am Ende aber noch froh, zurück in den Schoß der Familie (Symbiose) zu finden. Dieses Märchen wäre also zwischen den beiden Kategorien einzuordnen.

Die dritte Gruppe steht im Zeichen der »Einweihung« und ist besonders für Kinder geeignet, die dabei sind, den Märchen zu entwachsen. Hier werden die verschiedenen Probleme und Konflikte des familiären und zwischenmenschlichen Zusammenlebens thematisiert und Lösungswege für all die Verwicklungen aufgezeigt, die sich dem Kind auf seinem Weg ins Leben entgegenstellen können.

Unsere menschlichen Lebensbedingungen haben sich über die Jahrhunderte hinweg geändert und ändern sich ständig, doch die zwischenmenschlichen Probleme sind immer noch die gleichen wie vor Jahrtausenden. Deshalb sind die Märchen inhaltlich bis heute aktuell. In ihnen sind so ziemlich alle Konflikte dargestellt, denen sich ein heranwachsendes Kind in der familiären Gesellschaft vorgestern wie heute und übermorgen gegenübersieht:

Es ist oder fühlt sich unerwünscht oder wird sogar verstoßen, es ist aus einem Seitensprung (oder auf unnatürliche Weise entstanden), wächst bei Stiefeltern (oder in einer Patchwork-Familie) oder bei Fremden auf. Es erfüllt nicht die Erwartungen der Eltern, ist nicht ›normal‹, fühlt sich zurückgesetzt (Dummling), wird oder fühlt sich schlecht behandelt. Die Mutter sieht in der Tochter eine Rivalin. Der Vater sieht im Sohn eine Bedrohung. Bruder und Schwester sind verstrickt. Der Vater missbraucht die Tochter. Der junge Mann muss seine Tierhaut abstreifen und/oder die scheintote junge Frau in ihrem Glassarg wach küssen.

Diese Liste ließe sich fortsetzen. Und zu jedem Punkt dieser Liste kann auch ein Märchen genannt werden. Ein Beispiel für Ablehnung des Kindes haben wir im vorliegenden Fall.

Bei einem weiteren Aspekt ist die Kategorisierung »Einweihung« noch treffender und tiefer gehend. Die sexuelle Reifung und die Hinwendung zum anderen Geschlecht müssen bewältigt werden. Die Rolle als Frau beziehungsweise Mann muss gefunden und ausgefüllt werden. Hier sind die Märchen besonders für Mädchen in unserer männlich geprägten Welt eine wertvolle Orientierungshilfe, um die wahre Weiblichkeit zu entdecken, doch auch Jungen bekommen wertvolle Impulse und Hinweise für ihr Frauenbild. Ein typisches Beispiel hierfür ist »Dornröschen« (KHM 50). Das klassische Märchen der männlichen Einweihung ist »Der Eisenhans« (KHM 136).

Die kindliche Entwicklung ist dramatisch, und Märchen sprechen diese dramatische Sprache. Der Handlungsverlauf ist immer geradlinig, die Charaktere ebenso eindeutig. Die Bilder sind so markant, dass wir sie heute wohl gerne als drastisch bezeichnen, aber die Symbolik ist vielschichtig deutbar. Dadurch fügt sich das Märchen bei der seelischen Arbeit weitgehend den subjektiven Bedürfnissen.

Ein Kind erlebt viele Situationen, die traumatisch sind oder sich jedenfalls tief in sein Bewusstsein einbrennen. Mit der Zeit wird das aktuelle Ereignis zwar ›vergessen‹, sinkt also in das Unbewusstsein ein, doch der Ein-Druck besteht fort und wirkt sich, wenn auch unbemerkt, seelisch weiter aus. So entstehen unbewusste Prägungen, die bis ins Erwachsenenalter fortwirken. Im Märchen heißt das Verwünschung, Psychologen sprechen zum Beispiel vom Skript.

Wer als Kind Märchen gehört hat, wird sich an Märchen erinnern, die ihn besonders beeindruckt haben. Doch auch wenn in der Kindheit keine Märchen gehört wurden, wird sich ein Märchen finden, was den versunkenen oder verdrängten Konflikt treffend behandelt, das Skript beschreibt. Das ist der Ansatz der Märchentherapie.

Wenn wir uns als Erwachsene in ein Märchen hineinbegeben, also das Märchen auf uns wirken lassen und seine verschiedenen Aspekte aufblättern, ohne sie zu zerpflücken oder durch Deutung zu entleeren, dann erwacht in uns das Märchenreich wieder zum Leben, das heißt, wir bewegen uns auf der Ebene bildhafter Kommunikation, der symbolischen Sprache der Seele, die dem Traum so sehr verwandt ist.

Auf dieser Ebene können Erinnerungen an kindliche Erlebnisse auftauchen, alte Wunden aufbrechen, Zusammenhänge aufblitzen. Die eingekapselte und im Unbewussten versenkte Energie wird dabei freigesetzt und sucht sich ihre Bahn nach draußen. Im Märchen heißt dieser Vorgang Erlösung.

Fremdenführer durch den Zauberwald

Um als Erwachsener seelische Stärkung aus Märchen zu erfahren, muss man zunächst bereit sein, Märchen ernst zu nehmen, sie nicht schnell abzutun. Unsere Märchen enthalten die kollektiven Erfahrungen unserer nordeuropäischen Kultur, sind das spirituelle, naturweise Erbe, aus dem wir schöpfen können, in dem wir wurzeln.

Wenn wir bereit sind, dem Märchen zu begegnen, müssen wir uns öffnen, was heißt, die Bilderwelt des Märchens (der Seele) in uns zum Sprechen zu bringen. Diese Sprache ist uns vertraut wie eine Muttersprache, die wir aber zu lange in fremdem Land verlernt, vergessen haben. Natürlich kann man die ›Vokabeln‹ dieser Sprache erneut lernen,* doch das genügt nicht, denn diese Sprache ist dem Herzen näher als dem Verstand und durch bloßes Auswendiglernen erschließt sie sich nicht. Es braucht Übung, Gewöhnung, Einfühlung.

Die dreizehn Bände dieser Reihe sind Fremdenführer durch den Zauberwald. Sie vermitteln wie ein Dolmetscher zwischen der Sprache der Märchen und unserer Alltagssprache. Jede Übersetzung ist zu einem gewissen Grad auch Interpretation, doch der gute Übersetzer deutet nur, wo wörtliche Übersetzung nicht möglich ist. Er deutet nichts hinein.

Der Reisegast sammelt seine eigenen Eindrükke auf der Führung und wie er mit dem fremden

* Bonin, Felix von: Kleines Handlexikon zur Märchen-Symbolik. Stuttgart (Kreuz) 2001.

Land in Berührung kommt, wird es ihm immer vertrauter. Sprachbrocken erschließen sich. Hier und da greift er zum Reiseführer oder Wörterbuch. Und schon bald wird er sich frei genug fühlen, auf eigene Faust tiefer ins fremde, ins mehr und mehr vertraute Holz vorzudringen.

In der Tiefe des Zauberwalds sind wir mit uns und unseren Eindrücken dann allein. Hier können wir uns wirklich und ungestört selbst erfahren. Wir können nach unserem Lebensmärchen forschen, wir können mit unserem inneren Kind sprechen, wir können kreativ mit dem Märchenstoff umgehen und uns einen Zaubermantel daraus schneidern.

Märchen sind wie ein Spiegel. Wir schauen hinein und unser verwunschenes Selbst schaut heraus, fordert uns heraus, auf die Suchwanderung durch den Zauberwald zu gehen und die Erlösung zu suchen:

Zwischenruf

Dass Wilhelm Grimm über ein halbes Jahrhundert hinweg tief und tiefer in den Märchenstoff eingegriffen hat, darauf habe ich an vielen Stellen in den Bänden dieser Reihe hingewiesen. Wie die mündlich überlieferten Märchen von den Grimm Brüdern gesammelt und bei der Niederschrift sprachlich aufgearbeitet wurden, weiß ich nicht, doch die Veränderungen von der ersten Druckausgabe von 1812/14 (davor gibt es einige Märchen in handsdchriftlicher Fassung) bis zur Ausgabe letzter Hand sind leicht zu belegen – und meist auch zu durchschauen.

Wilhelm Grimm trägt die Verantwortung dafür, doch er ist ja auch Kind seiner Zeit. Und der Erfolg ›seiner‹ Version, nämlich genau der Ausgabe letzter Hand, belegt, dass er den Deutschsprechenden mindestens ein Jahrhundert lang aus dem Herzen oder besser aus dem Bauch gesprochen hat. In Umlauf sind heute eigentlich nur noch die »Grimmschen Märchen« in der Fassung von 1857. Frühere Ausgaben oder gar die Erstausgabe der »Kinder- und Hausmärchen« (KHM) sind schwer zu finden.

Die Grimmschen Märchen sprechen den Menschen unserer Zeit aber offensichtlich nicht mehr aus dem Herzen, denn sie geraten zunehmend in Vergessenheit. Ja, es gibt einen Zirkel begeisterter Märchenfreunde – so wie es viele andere Zirkel Begeisterter gibt. Doch gesellschaftlich sind die »Grimmschen Märchen« quasi bedeutungslos.

Noch vor fünfzig Jahren kannte jedes Kind Märchen, die Grimmschen natürlich. Wenn es ein

Buch hatte, was nicht selbstverständlich war, dann war es ein Märchenbuch und wahrscheinlich die »Kinder- und Hausmärchen«. Doch selbst wenn es zuhause keine Märchen vorgelesen oder erzählt bekam, hörte es sie anderswo, zum Beispiel im Kindergarten. Auch im Kindergarten sind Märchen heute eher die Ausnahme.

Ob und warum das ein kultureller Verlust ist – hier soll diese Frage im Raum stehen bleiben, aber wenn es ein Verlust ist, in der Kindheit nicht ausgiebig Märchen zu hören, dann wird sich dieser Mangel in der späteren Entwicklung ausdrücken. Nun sind wir aber so vielen Einflüssen ausgesetzt, dass ein einzelner kein eindeutiges Erscheinungsbild prägt, vielmehr trägt dieser eine Mangel zum gesamten Erscheinungsbild bei. Aber: weil/wenn er beiträgt, kann man im Umkehrschluss annehmen, dass die nachträgliche und zumindest in dem Sinne dann auch therapeutische Begegnung mit Märchen diesen Mangel lindern und damit das gesamte Erscheinungsbild heller stimmen kann.

Dass die Märchen heute nicht mehr ›ankommen‹, liegt meiner Meinung nach zum einen an der besonderen ›Moral der Zeit‹, die bis zur Letztausgabe eingeflossen ist. Das Lebensgefühl seiner Zeit, das Wilhelm Grimm in ›seine‹ Märchen hineinredigiert hat, trifft in heutiger Zeit auf breite Ablehnung. Die Märchen sind insoweit tatsächlich nicht mehr zeitgemäß, weil die fortgesetzte sprachliche (und inhaltliche) Anpassung an gesellschaftliche Veränderung mit der Niederschrift und deren unverändertem Fortdruck erstarb.

Der zweite Grund ist, wie ich meine, die veralterte Sprache, die befremdlich klingt und deshalb oft spontan abgelehnt wird. Manche, nicht selten zentrale Begriffe sind heute nicht mehr bekannt. Volksmärchen müssen aber auch vom Volk verstanden werden. So war es zur Zeit der Märchen und es kann heute anders nicht sein.

Freilich fällt mir auch noch ein dritter Grund ein, doch der liegt im Kommerziellen und seiner Sucht nach Neuem begründet und soll hier nicht weiter erörtert werden.

Diese Reihe blickt hinter die Bilder, die in einzelnen Märchen gezeichnet werden. Die Bilder und ihre Abfolge berühren uns ganz ohne Vermittlung des Verstandes. Doch wo das direkte Empfinden warum auch immer belastet ist, kann die wissende und einfühlsame Betrachtung Schleusen öffnen.

Deshalb ist es nicht egal, wenn Bilder eines Märchens modifiziert, fortgenommen oder hinzugefügt werden. Deshalb sind in den anderen Bänden dieser Reihe meist die Texte der Erstausgabe und der Letztausgabe nebeneinandergestellt und verglichen.

In diesem Fall gibt es bedeutenden Änderungen nur am Anfang – darauf werde ich eingehen – und am Ende, wesentlich durch Hinzufügen einer Schlussphrase, die an sich zu betrachten interessant ist. Hier wird nur die Textfassung von 1812 wiedergegeben, denn in aller Regel betrachte ich die ursprünglichen Fassungen als direkter und kraftvoller und deshalb im Sinne der Persönlichkeitsbildung therapierelevanter.

Deutschstunde

Schon lange vor Siegfried Lenz hat Wilhelm Grimm seine ganz eigene Deutschstunde geschrieben, und die war auf ihre Art auch politisch. Nachdem die beiden Grimm-Brüder Jacob und Wilhelm die »Kinder- und Hausmärchen« (KHM) gemeinsam gesammelt und damit wissenschaftliche Feld- und Fleißarbeit abgeliefert hatten, teilten sich ihre Wege soweit, denn Jacob verfolgte mehr sein wissenschaftliches Interesse an der Sprache, das sich zum Beispiel auch in einem deutschen Wörterbuch und indirekt in diesem Märchen niedergeschlagen hat, während sich sein kreativer Bruder Wilhelm dem Publikumserfolg des »Formats Volksmärchen« annahm und es über Jahrzehnte zu höchsten ›Einschaltquoten‹ führte.

Der Erfolg seiner Arbeit lässt sich kulturhistorisch bis heute nicht angemessen bemessen, doch in Wörtermenge schon. Mit leichter Hand hat Wilhelm das Volumen der Märchen im einzelnen nämlich und der Sammlung als ganzes kontinuierlich aufgepeppt. Wie viel mehr Wörter man verwenden kann, um das gleiche Wort zu artikulieren, beweist dieses Märchen schon im ersten Satz, das ist seine ganz spezielle Deutschstunde.

»Es war einmal ein Bauer, der hatte Geld und Gut genug, aber wie reich er war, so fehlte doch etwas an seinem Glück: er hatte mit seiner Frau keine Kinder.«

So lesen wir die Ouvertüre von »Hans mein Igel« in der Letztausgabe von 1857, also seit nunmehr rund 150 Jahren. Mit Satzzeichen und Leerstellen sind das 154 Anschläge. In der zweibändigen Erstausgabe (1812) genügen noch 65 Anschläge, also weniger als die Hälfte, um das Gleiche zu vermitteln, nur irgendwie kraftvoller, direkter und deshalb ergreifender: »Es war ein reicher Bauer, der hatte mit seiner Frau keine Kinder;...«

Zwischen der Erstausgabe der »Kinder- und Hausmärchen« und der letzten, von Wilhelm Grimm persönlich redigierten Ausgabe, liegt fast ein halbes Jahrhundert. Was das heißt, kann wohl nur beurteilen, wer selbst mindestens ein halbes Jahrhundert alt ist. 1812 genügte es jedenfalls offensichtlich noch zu sagen, der Mann sei wohl reich, aber kinderlos, um den Konflikt zu demonstrieren.

Wie kann ein Mann reich sein, wenn er kinderlos ist? Auf diese Frage kann nur einer kommen, der Kinder wirklich als Reichtum empfindet und nicht nur so redet. 1857 muss Wilhelm Grimm schon viel reden, um seinen Lesern zu vermitteln, dass der ganze ›Reichtum‹ nicht viel wert sei, wenn das Leben arm bleibt.

Allerdings, bei »Hans mein Igel« hat Wilhelm Grimm weiter nicht viel am Text geändert. Andere bekannte ›Volksmärchen‹ oder eben richtiger Grimmsche Märchen sind durch seine Bearbeitung insgesamt auf doppeltes Volumen geschwollen – gewöhnlich ohne dadurch gehalt- und geschmackvoller zu werden, ganz wie wir es von holländischen Tomaten kennen. Wer keinen Gemüsegarten hat, kennt ja auch da keinen besseren Geschmack.

Bei »Hans mein Igel« hat Wilhelm Grimm fast nur die Änderungen in der Rechtschreibung umgesetzt, die wesentlich aus der Arbeit seines Bruders hervorgegangen sind. Vielleicht fiel ihm zu diesem Stoff nun wirklich nichts weiter ein. Vielleicht war er genauso unangenehm berührt wie viele andere Männer, die sich in der Rolle des armen reichen Bauern wiedererkennen müssen oder müssten.

Nun können wir bei sehr vielen Märchen erkennen, dass dem ersten Satz eine bedeutende Funktion zukommt. Tatsächlich scheint es ein Merkmal von Meisterwerken, dass sie im Anheben schon das komplette Werk exponieren – in Samenform. Die ersten Akkorde einer Oper entwickeln das musikalische Thema; die ersten Einstellungen eines Films malen die Gefühle der kommenden Geschichte; der erste Satz einer Erzählung enthält die ganze Dramatik des Stoffs.

Im ersten Satz bereits wird der ganze Konflikt erfasst: »Es war einmal ein Müller, der war arm, aber er hatte eine schöne Tochter.« So beschreibt »Rumpelstilzchen«* den Konflikt, den es behandelt. Alle Welt schaut gebannt auf diesen dämonischen Gnom oder was er ist und seine bösen Absichten, die ihm unterstellt werden. Doch der Konflikt besteht im »aber«. Dass der Müller arm ist, mag angehen. Es gibt Reiche und Arme. Dass »aber« seine Tochter das ganze Elend seines Lebens kompensieren soll, sein Stroh und das des Königs obendrein zu Gold verspinnen, dass es darum geht, darüber wird gerne hinweggesehen. Märchen sind eben durchaus auch unbequem – für Erwachsene.

Den ersten Satz aus der Erstausgabe hat Wilhelm bis 1857 in zwei Sätze zerlegt, nachdem er den vorderen Teil des Satzes wie oben gezeigt mächtig aufgeblasen und damit vernebelt hatte. Zwei Sätze statt einem? Na und? Na und. Ursprünglich steht ein reicher Bauer am Anfang, der mit seiner Frau keine Kinder hat und deshalb verhöhnt wird. Nun steht eben ein

* Bd. 13 dieser Reihe

zwischen Geld und Glück ratloser Bauer am Anfang, der sein Unglück darauf projiziert, dass er keine Kinder hat. Die Seele lauscht auch auf feine Zwischentöne.

Wilhelm Grimm hat aber nicht nur den Anfang – warum auch immer – verändert, auch am Ende konnte er keine gute Schreibfeder lassen:

»Mein Märchen ist aus,
und geht vor Gustchen sein Haus.«

So lesen wir 1857. Was ist das, fragt sich die vorlesende Mutter; wer Gustchen sei, fragt vielleicht das Kind. Was soll dieser Vers in einem Buch, das Kinderbuch der Nation sein wollte? Und ausgerechnet am Schluss dieses peinlichen Märchens.

Es ist bekannt, das Märchenerzähler bestimmte Phrasen benutzten. Sehr bekannt ist die Einleitungsphrase, die für Märchen an sich steht: »Es war einmal«, das sich auf »einst« reduzieren kann, um auf unvergleichliche Weise die schwebende Realität des Märchens einzuleiten: »einst war« oder »einst wird sein«.

Märchen sind Trancereisen. Der Märchenerzähler versetzt seine Zuhörer durch die Mär, aber auch durch seinen Habitus und vor allem seine Stimme in Trance. Dann führt er ihn aus seiner Alltagssituation (Notlage) in die Trance (Zauberwald), wo andere Gesetzt gelten und deshalb Probleme, die im Alltag unlösbar sind, eine andere Lösung finden können.

»Schon durch die Einleitungsphrase wird die Raum- und Zeitlosigkeit des Märchens aufgespannt und der Seelenraum Nirgendwo und Überall betreten.«* Jetzt kann die Heilung aktiv werden. Allein das Dasein in diesem Seelenraum löst Heilung aus.

Wer so arbeitet, hat eine Verantwortung seinen ›Klienten‹ gegenüber. Schamanisch üblich ist, »den gleichen Weg zurück zu gehen«. Das heißt, nach der Lösung des Konflikts bewegt sich die Erzählung auf die Alltagsebene zurück. Und so wie der Erzähler die Trance mit »es war einmal« allein deshalb schon induziert, weil seine Zuhörer längst darauf eingestimmt sind, so kann er die Trance auch mit einer Phrase auflösen.

Die märchenhaft-klassische Schlussphrase: »und wenn sie nicht gestorben sind...«; lässt die Atmosphäre verklingen. Beliebt sind auch Schlussphrasen, die den Zuhörer aktiv in die Wirklichkeit zurückholen: »Das Märchen ist aus, und wir geh'n nach Haus'.« Oder: »So lebten sie glücklich und zufrieden, wir aber gehen leer

* Bonin, F. v.: Kleines Handlexikon zur Märchen-Symbolik.

aus.« Je tiefer der Erzähler seine Zuhörer in die Trance führt, desto aktiver muss er am Ende auch zur ›Rückholung‹ beitragen. Bizarr-komische Sprüche zerstreuten die märchenhafte Atmosphäre besonders virulent:

»Mein Märchen ist aus,
und geht vor Gustchen sein Haus.«

Und ob nun die Grammatik hinkt oder tatsächlich das Märchen persönlich vor das Haus hingeht, das besagtem Gustchen zugehört, tut gar nichts zur Sache, wenn der therapeutische Zweck nur erfüllt wird.

Es war ein reicher Bauer, der hatte mit seiner Frau keine Kinder; öfters, wenn er mit den andern Bauern in die Stadt ging, spotteten sie ihn und fragten, warum er keine Kinder hätte. Da ward er einmal zornig und als er nach Haus kam, sprach er: »ich will ein Kind haben und sollt's ein Igel seyn.« Da bekam seine Frau ein Kind, das war oben ein Igel und unten ein Junge, und als sie das Kind sah, erschrack sie und sprach: »siehst du, du hast uns verwünscht!« Da sprach der Mann: »was kann das alles helfen, getauft muß der Junge werden, aber wir können keinen Gevatter dazu nehmen.« Die Frau sprach: »Wir können ihn auch nicht anders taufen als Hans mein Igel.« Als er getauft war, sagte der Pfarrer: »der kann wegen seiner Stacheln in kein ordentlich Bett kommen.« Da ward hinter dem Ofen ein wenig Stroh zurecht gemacht und Hans mein Igel darauf gelegt. Er konnte auch an der Mutter nicht trinken, denn er hätte sie mit seinen Stacheln gestochen. So lag er da hinter dem Ofen acht Jahre und sein Vater war ihn müde, und dachte, wenn er nur stürbe; aber er starb nicht, sondern blieb da liegen. Nun trug es sich zu, daß in der Stadt ein Markt war und der Bauer wollte darauf gehen, da fragte er seine Frau, was er ihr sollte mitbringen. »Ein wenig Fleisch und ein paar Wecke, was zum Haushalt gehört«, sprach sie.

Dies ist die Textfassung der Erstausgabe. Davor stand die Sammelphase mit handschriftlichen Notizen. Vermutlich haben die Brüder Grimm zu einzelnen Märchen von verschiedenen Erzählern verschiedene Versionen gehört. Wir können das heute noch nachvollziehen, weil ähnliche Motive in verschiedenen Märchen vorkommen. Auch ist es immer wieder sehr interessant, die ursprünglich publizierte Fassung mit der mehrfach überarbeiteten letzten zu vergleichen.

Darauf fragte er die Magd, die wollte ein paar Toffeln und Zwickelstrümpfe, endlich sagte er auch: »Hans mein Igel, was willst du denn haben?« – »Väterchen, sprach er, bring mir doch einen Dudelsack mit.« Wie nun der Bauer wieder nach Haus kam, gab er der Frau, was er ihr mitgebracht hatte, Fleisch und Wecke, dann gab er der Magd die Toffeln und die Zwickelstrümpfe, endlich ging er hinter den Ofen und gab dem Hans mein Igel den Dudelsack. Und wie Hans mein Igel den hatte, sprach er: »Väterchen, geht doch vor die Schmiede und laßt mir meinen Göckelhahn beschlagen, dann will ich fortreiten und will nimmermehr wiederkommen.« Da war der Vater froh, daß er ihn loswerden sollte, und ließ ihm den Hahn beschlagen und als er fertig war, setzte sich Hans mein Igel darauf, ritt fort, nahm auch Schweine und Esel mit, die wollt' er draußen im Walde hüten. Im Wald aber mußte der Hahn mit ihm auf einen hohen Baum fliegen, da saß er und hütete die Esel und Schweine, und saß lange Jahre, bis die Heerde ganz groß war, und wußte sein Vater nichts von ihm. Wenn er aber auf dem Baum saß, blies er seinen Dudelsack und machte Musik, die war sehr schön. Einmal kam ein König vorbeigefahren, der hatte sich verirrt und hörte die Musik; da verwunderte er sich darüber und schickte seinen Bedienten hin, er sollte sich einmal umgucken, wo die Musik herkäme. Der guckte sich um, sah aber nichts, als ein kleines Thier auf dem Baum oben sitzen, das war wie ein Göckelhahn, auf dem ein Igel saß und machte die Musik. Da sprach der König zum Bedienten, er sollte fragen, warum es da säße und ob es nicht wüßte, wo der Weg in sein Königreich ging. Da stieg Hans mein Igel vom Baum und sprach, er wollte den Weg zeigen, wenn der König ihm wollte verschreiben und versprechen, was ihm zuerst begegnete am königlichen Hofe, wenn er nach Haus käme. Da dachte der König, das kannst du leicht thun, Hans mein Igel versteht's doch nicht und kannst schreiben was du willst. Da nahm der König Feder und Dinte und schrieb etwas auf und als es geschehen war, zeigte Hans mein Igel ihm den Weg und er kam glücklich nach Haus. Seine Tochter aber, wie sie ihn von weitem sah, war so voll Freuden, daß sie ihm entgegen ging und ihn küßte. Er gedachte an Hans mein Igel und erzählte ihr, wie es ihm gegangen wäre, und daß er an ein wunderliches Thier, das auf einem Hahn geritten und schöne Musik gemacht, hätte verschreiben sollen, was ihm daheim zuerst begegnen würde; er hätte aber geschrieben, es sollt's nicht haben, denn Hans mein Igel könnte es doch nicht lesen. Darüber war die Prinzessin froh und sagte, das wäre gut, denn sie wäre doch nimmermehr hingegangen.

Hans mein Igel aber hütete die Esel und Schweine, war immer lustig und saß auf dem Baum und blies auf seinem Dudelsack. Nun geschah es, daß ein anderer König gefahren kam und mit seinen Bedienten und Laufern und hatte sich verirrt und wußte nicht wieder nach Haus zu kommen, weil der Wald so groß war. Da hörte er gleichfalls die schöne Musik von weitem und sprach zu seinem Laufer, was das wohl wäre, er sollt' einmal zusehen, woher es kömmt. Da ging der Laufer hin unter den Baum und sah den

Göckelhahn sitzen und Hans mein Igel obendrauf. Der Laufer fragte ihn, was er da oben vorhätte. »Ich hüte meine Esel und Schweine: was ist euer Begehren?« Der Laufer sagte, sie hätten sich verirrt und könnten nicht wieder in's Königreich, ob er ihnen den Weg nicht zeigen wollte. Da stieg Hans mein Igel mit dem Hahn vom Baum herunter und sagte zu dem alten König, er wollt' ihm den Weg zeigen, wenn er ihm zu eigen geben wollte, was ihm zu Haus vor seinem königlichen Schlosse das erste begegnen würde. Der König sagte ja und unterschrieb sich dem Hans mein Igel, er sollt' es haben. Als das geschehen war, ritt er auf dem Göckelhahn voraus und zeigte ihm den Weg und gelangte er glücklich wieder in sein Königreich. Wie er auf den Hof kam, war große Freude darüber; nun hatte er eine einzige Tochter, die war sehr schön, die kam ihm entgegen, fiel ihm um den Hals und küßte ihn und freute sich, daß ihr alter Vater wieder kam. Sie fragte ihn auch, wo er so lang in der Welt gewesen wäre, da erzählte er ihr, er hätte sich verirrt und wäre beinahe gar nicht wieder gekommen, aber als er durch einen großen Wald gefahren, hätte einer halb wie ein Igel, halb wie ein Mensch, rittlings auf einem Hahn in einem hohen Baum gesessen und schöne Musik gemacht, der hätte ihm fortgeholfen und den Weg gezeigt, dafür aber er ihm versprochen, was ihm am königlichen Hofe zuerst begegnete, und das wäre sie und das täte ihm nun so leid. Da versprach sie ihm aber, sie wollte gern mit ihm gehen, wann er käme, ihrem alten Vater zu Liebe.

Hans mein Igel aber hütete seine Schweine und die

Schweine bekamen wieder Schweine und diese wieder und wurden ihrer so viel, daß der ganze Wald voll war. Da ließ Hans mein Igel seinem Vater sagen, sie sollten alle Ställe im Dorf ledig machen und räumen, er käme mit einer so großen Heerde Schweine, daß jeder schlachten sollte, der nur schlachten könnte. Da war sein Vater betrübt, als er das hörte, denn er dachte, Hans mein Igel wäre schon lang' gestorben. Hans mein Igel aber setzte sich auf seinen Göckelhahn, trieb die Schweine vor sich her in's Dorf und ließ schlachten: hu! da war ein Gemetzel und ein Hacken, daß man's zwei Stunden weit hören konnte. Darnach sagte Hans mein Igel: »Väterchen, laß mir meinen Göckelhahn noch einmal vor der Schmiede beschlagen, dann reit' ich fort und komm' mein Lebtag nicht wieder.« Da ließ der Vater den Göckelhahn beschlagen und war froh, daß Hans mein Igel nicht wieder kommen wollte.

Hans mein Igel ritt fort in das erste Königreich, da hatte der König befohlen, wenn einer käme auf einem Hahn geritten und hätte einen Dudelsack bei sich, dann sollten alle auf ihn schießen, hauen und stechen, damit er nicht in's Schloß käme. Als nun Hans mein Igel daher geritten kam, drangen sie mit den Bajonetten auf ihn ein, er aber gab dem Hahn die Sporn, flog auf, über das Thor hin vor des Königs Fenster, setzte sich da und rief ihm zu: »sollt' ihm geben, was er versprochen hätte, sonst so wollt' er ihm und seiner Tochter das Leben nehmen.« Da gab der König der Prinzessin gute Worte, sie möchte zu ihm hinaus gehen, damit sie ihm und sich das Leben rettete. Da zog sie sich weiß an und ihr Vater gab ihr einen Wagen mit sechs Pferden und herrliche Bediente, Geld und Gut; sie setzte sich ein und Hans mein Igel mit seinem Hahn und Dudelsack neben sie, dann nahmen sie Abschied und zogen fort und der König dachte, er kriegte sie nicht wieder zu sehen. Es ging aber anders als er dachte, denn als sie ein Stück Wegs von der Stadt waren, da zog sie Hans mein Igel aus und stach sie mit seiner Igelhaut bis sie ganz blutig war, sagte: »das ist der Lohn für eure Falschheit, geh' hin, ich will dich nicht«, und jagte sie damit nach Hause und war sie beschimpft ihr Lebtag.

Hans mein Igel aber ritt weiter auf seinem Göckelhahn und mit seinem Dudelsack nach dem zweiten Königreich, wo er dem König auch den Weg gezeigt hatte. Der aber hatte bestellt, wenn einer käm', wie Hans mein Igel, sollten sie das Gewehr vor ihm präsentieren, ihn frei hereinführen, Victoria rufen und ihn ins königliche Schloß bringen. Wie ihn nun die Prinzessin sah, war sie erschrocken, weil er doch gar so wunderlich aussah, sie dachte aber, es wäre nicht anders, sie hätte es ihrem Vater versprochen. Da wurde Hans mein Igel von ihr bewillkommt, mußte mit an die königliche Tafel gehen und sie setzte sich zu seiner Seite und sie aßen und tranken. Wie es nun Abend wurde, daß sie wollten schlafen gehen, da fürchtete sie sich sehr vor seinen Stacheln, er aber sprach, sie sollte sich nicht fürchten, es geschehe ihr kein Leid, und sagte zu dem alten König, er sollte vier Mann bestellen, die sollten wachen vor der Kammerthüre und ein großes Feuer anmachen, und wann er in die Kammer eingehe und sich ins Bett legen wolle, würde er aus seiner Igelshaut herauskriechen und sie vor dem Bett liegen lassen; dann sollten die Männer hurtig herbeispringen, und sie in's Feuer werfen, auch dabei bleiben, bis sie vom Feuer verzehrt wäre. Wie die Glocke nun elfe schlug, da ging er in die Kammer und streifte die Igelshaut ab, und ließ sie vor dem Bett liegen, da kamen die Männer und holten sie geschwind und warfen sie ins Feuer, und als sie das Feuer verzehrt hatte, da war er erlöst und lag da im Bett ganz als ein Mensch gestaltet, aber er war kohlschwarz wie gebrannt. Der König schickte zu seinem Arzt, der wusch ihn mit guten Salben und balsamierte ihn, da ward er weiß und war ein schöner junger Herr. Wie das die Prinzessin sah, war sie froh, und sie stiegen auf mit Freuden, aßen und tranken und es ward die Vermählung gehalten, und Hans mein Igel bekam das Königreich von dem alten König.

Wie etliche Jahre herum waren, fuhr er mit seiner Gemahlin zu seinem Vater und sagte, er wäre sein Sohn, der Vater aber sprach, er hätte keinen, er hätte nur einen gehabt, der wär' aber wie ein Igel mit Stacheln geboren worden und in die Welt gegangen. Da gab er sich zu erkennen, und der alte Vater freute sich und ging mit ihm in sein Königreich.

Der ganze Kerl

Nun ja, auch der Vater vom Igelhans ist ein germanischer Vater und steht seinen Mann – am Stammtisch. Der Mann ist Bauer, also naturverbunden und bodenständig. In der Zeit, wo die Märchen spielen, ist er noch etwas wert, denn etwas »zu brechen und zu beißen« zu haben, beschäftigt die Gemüter vorrangig.

»... öfters, wenn er mit den andern Bauern in die Stadt ging, spotteten sie ihn und fragten, warum er keine Kinder hätte.«

Dieser freie Bauer, sozusagen ein Freiherr oder Gutsherr, trifft sich mit Seinesgleichen. ›Man‹ geht in die Stadt, vermutlich für Besorgungen, hat dort aber auch sein »Ammüsemang« in Wirtsstuben und anderen Häusern.

Auf diesen Touren ist man so richtig Mann bzw. das, was man denkt, wie Mann sein sollte, um Mann zu sein. Und genauso verschroben und verdreht wie dieser Satz ist auch das Verhalten dieser Männer »unter sich«. Dann wird getrunken und geredet und auch gesagt, was sonst nicht gesagt wird.

Stadt ist insoweit Gegensatz zu Land und Natur. Dort dann, in der Stadt, also außerhalb der Natur, außerhalb der Natürlichkeit spotten seine Pares über ihn. Tun das wirkliche Freunde? Wer wirklich mitfühlen kann und will, wird sich schnell ausmalen, was ein Paar durchmacht, das sich sehnlich ein Kind wünscht und keines bekommt. So viele Märchen handeln davon. So viele Motive, Verstrickungen und Lösungen werden uns erzählt. Und was tun Paare heute nicht alles, wo so Vieles rein medizinisch möglich ist.

Hören wir nicht geradezu das Geschwätz der anderen Bauern? Sie ziehen über das her, was sie bei einem anderen als Mangel oder Schwäche definieren. Sie ›wissen‹ ganz genau, wie ein ›richtiger Mann‹ zu sein hat, und an diese Messlatte legen sie andere mit ihren flotten Sprüchen, die wie raue Scherze daherkommen, tatsächlich aber unterschwellig Gift versprühen, ins Mark zielen und das Herz treffen.

Die kesse Absicht ist, im feuchtfröhlichen Anprangern vom eigenen Versagen abzulenken. Warum er keine Kinder habe, spotten sie, die selbst wohl welche in die Welt gesetzt haben – als ob das eine so bemerkenswerte Leistung sei. Ehre bedeutet für diese Männer: ein Haus bauen, einen Baum pflanzen, einen Sohn zeugen. Alle drei dieser Mannestaten haben gleichen Rang und gleiche Aufgabe, nämlich die Männlichkeit ihres Erzeugers zu beweisen. Dieser Mann sieht das Kind, den Sohn als sein Produkt, etwas, das er gemacht hat, wie das Haus und den Baum.

Er verkennt ja schon, dass er nicht einmal den Baum nicht macht, sondern nur den längst von der Natur fertig zur Verfügung gestellten Baum gerade mal hinpflanzt oder absägt, wie er es sich gerade in den Kopf setzt. Dieser Mann anerkennt neben sich nichts Lebendiges, das seiner Beachtung wert sei. Bodenschätze, Pflanzen, Tiere, Menschen – alles ist ihm bloß Material, seine mehr oder weniger maßlosen Wünsche zu befriedigen.

So zu handeln, versteht solcher Mann als potent, was er natürlich sein will und ja auch soll. Nur ist dieses Menschenkind hier eben noch nicht zu einem reifen Verständnis vom Leben gelangt und von der Liebe, die es unterhält, auch nicht. Wir müssen Geduld mit ihm haben, weil wir gar nicht anders können, und derweil müssen wir unbeirrt unseren eigenen Weg durch den Zauberwald und seine Gefahren gehen, ganz so wie der Hans dieser Mär, der seiner Familie ein wahrer Igel ist.

Doch bislang ist Hans der Igel ja noch gar nicht geboren. Genau das ist auch des reichen Bauern Sorge. Nicht um den ungeborenen Hans oder seiner Familie willen, sondern um die Ehre, die Stammtischehre. Der arme Bauer muss seine Männlichkeit beweisen. Ein Kind muss her: »Da ward er einmal zornig und als er nach Haus kam, sprach er: ›ich will ein Kind haben und sollt's ein Igel seyn.‹«

Wenn er keine Kinder hat, kann das an ihm ja doch wohl nicht liegen. Die Hänseleien der Kumpel und seine Unzufriedenheit werden wohl so ihre Zeit gegangen sein, denn das Märchen berichtet uns: »Da ward er *einmal* zornig.« Oder in der späteren Fassung: »endlich zornig.«

Geduld hat er wohl gehabt, der deutsche Bauer, und unterordnen, auch und gerade unter das Schicksal, das hat er wohl gelernt. Nun aber ist es gut, jetzt muss Schluss sein. Nun soll seine Frau das Kind werfen, ob er zeugungsfähig ist oder nicht. Und wenn es nur zu einem Igel reicht, dann soll es eben auch gut sein, Hauptsache, nun ist endlich ein Kind da und die ›Freunde‹ geben eine Ruhe.

Richtig, dieser reiche Bauer ist wirklich ganz arm dran. Er weiß sich einfach nicht mehr zu helfen, also setzt er seine Frau unter Druck, stellt ihr ein Ultimatum, reicht das Problem ›nach unten‹ weiter. Doch weiter als bis zur nächsten Ecke denkt er nicht. Wenn seine Frau nun tatsächlich einen Igel austrägt, was werden die ›Freunde‹ dann erst zu reden haben. Solch kurzsichtige Erleichterung sucht nur, wer für seine Verhältnisse schon unerträglich hilflos in der »Dinte« steckt.

Der Bauer wird also »endlich« zornig. Endlich! Wenn er schon nicht anders kann, dann soll er doch bitteschön wenigstens endlich zornig werden, denn das hilft ihm, wenn nichts anderes hilf, die verkeilten Emotionen aus- und abzudampfen. Nun will er also endlich ein Kind haben, damit er nicht mehr so dumm dastehe, prosit, vor seinen Kameraden. Ein Kind und sei's ein Igel. So schwer kann das doch nicht sein, oder? Und da bekommt die brave Frau eben das Kind, den Igel. Und nun.

Was könnten wir gerade in unserer Zeit hier an Erörterungen anstellen. Der Wille, ein Kind zu haben; ein Kind zu ›haben‹! Es sind oft gerade diese Eltern, die (warum?) ein Kind haben wollen, müssen, die sich mit Igeln konfrontiert sehen. Was ist das für ein Kind, das sich einrollt wie ein Igel? Welche Empfindungen veranlassen es, das zu tun? Ja, da ist nun das Kind, doch es sticht, sticht, sticht. Kommt Ihnen das bekannt vor? Kommt das bei Ihren Bekannten vor? Babys, die ihrem Müttern fast die Brüste abkauen? Die endlos wie am Spieß schreien? Die sich mit aller Kraft von der Mutter wegstemmen?

Der Igel

Ein Kind ist ein Kind, auch wenn es ein Igel ist. »Da bekam seine Frau ein Kind, das war oben ein Igel und unten ein Junge, und als sie das Kind sah, erschrack sie und sprach: ›siehst du, du hast uns verwünscht!‹«

Aber er ist doch nur zur Hälfte ein Igel! Andere Märcheneltern bekommen Kinder, die ganz tierisch sind, Raben zum Beispiel. Dieser hier ist ja nur zur Hälfte Tier. Ist vielleicht gerade das so schwierig? Jedermann sieht, dass er »nicht gelungen« ist. Und warum ausgerechnet ein Igel? Ein Igel ist stachelig und widerborstig, also ungesellig, unsozial. Er fügt sich nicht, er igelt sich ein. Der Igel wird gemocht, weil er sich nicht wehrt. Er leistet in schwierigen Situationen keinen Widerstand. Er rollt sich ein und lässt sich herumschubsen.

Der Igel ist ein (Un-) Gezieferfresser und deshalb mindestens seit der Antike beim Menschen sehr beliebt. Entsprechend viele Mythen und Volksweisheiten ranken sich um dieses Tier. Sie beschreiben es teils als hilfreich, teils als gefährlich. Verschiedene Teile des Igels wurden auch in der Volksmedizin gegen allerlei Krankheit verwendet. Der Igel hat also eine bestimmte Verbindung zu Mensch und Gesundheit.

Seiner Stacheln wegen ist der Igel bei alten Völkern ein Sonnen- und damit Glückssymbol. Er ist friedfertig und passiv. Weil er aber angeblich mit seinen Stacheln die Weinrauben aus dem Weinberg trägt, ist er auch ein Symbol des Teufels, der die Gläubigen verführt. Mit einer Igelhaut auf einem Weinstock wollten sich die Römer schon gegen Hagelschädel schützen.

Mutig kämpft der Igel aber auch gegen die Schlange und vertilgt sie. So wird er zum Christussymbol. Ein stiller Einzelgänger ist er, widerborstig aber friedfertig, ein Mönch, wäre er nicht – trotz seiner Stacheln – recht vermehrungsfreudig. Seiner schnell aufgerichteten Stacheln wegen ist er aber auch als zornig verrufen. Weil er sich aus Zank und Streit fernhält, gilt er trotzdem als herzensklug und menschenfreundlich. In »Der Hase und der Igel«* wird er gar zum schmunzelnden Schlauberger und als Redaktionsigel der ersten deutschen Fernsehzeitschrift** hat er vor einem halben Jahrhundert Kinder- und Erwachsenenherzen märchenhaft berührt und ist selbst dabei immer niedlicher geworden. Bis zum Plüschtier hat er es geschafft.

* als KHM 187 unter diesem Titel in der Letztausgabe erscheinend handelt es sich eigentlich um »Dat Wettloopen twischen den Swinegel und den Haasen« des Oldendorfers (Kreis Buxtehude) Wilhelm Christian Schröder, der 1903 verstarb und dem seine Heimatgemeinde ein Jahrhundert später eine Straße widmete. Doch auch Buxtehude, das Hase und Igel längst annektiert hat, muss verkraften, dass es sich hierbei zumindest im akademischen Sinne leider nicht um ein Märchen handelt, sondern um einen Schwank nach Art der Fabel. In der Grimmschen Sammlung hat der Text an sich nichts zu suchen, weil es sich ja nicht um ein Volks- sondern ein Kunstmärchen handelt, das also nicht aus Volkes Stimme sondern der Schreibstube des Journalisten Schröder Wilhelm entsprungen ist. Im Laufe der vielen Ausgaben der »Kinder- und Hausmärchen« haben sich immer wieder Kunstmärchen in die Sammlung eingeschlichen, weil sie nicht sogleich erkannt wurden. Einmal entlarvt, wurden sie jedoch getilgt; Hase und Igel sind davongekommen, ein Märchen im Sinne des Volksmärchens ist es aber trotzdem nicht, da können die ›Hunde‹ so lange mit dem Schwanze ›bellen‹, wie sie wollen.

** Mecki war sein Name und er war Held einer wöchentlichen Bildergeschichte in »Hörzu« und in einer Bilderbuchreihe.

Dieser hier aber sticht seine Umwelt, die ihn dafür ausschließt. Ein Igel im Garten ist wohl willkommen, frisst er doch Schnecken, Raupen und Käfer weg, die der Saat schaden. Ein Igel im Haus bekommt Milch zu trinken und beschäftigt die Kinder. Aber ein Igel als Sohn. Warum kann die Frau kein Kind bekommen, reicher Bauer? Reicht es bei Dir nicht zum Zeugen? Gibt es einfach keine Zeugen Deiner Potenz, Herr Bauer, Du? Ach, wie peinlich, wie beschämend, wie zweifellos fruchtlos. Ein Kind muss nun her, »und sollt's ein Igel seyn«, und dann ist es ein Igel, und was nun, Bauer?

»Da bekam seine Frau ein Kind, das war oben ein Igel und unten ein Junge.« Ach die brave Frau. Er will ein Kind, sei's ein Igel, und sie bekommt ein Kind, und es ist ein Igel. Brave Frau? Weit gefehlt. Als sie das Kind sieht, das sie geboren hat, zeigt sie mit dem Finger auf ihren Ehemann: »Siehst du, du hast uns verwünscht!« Diese Frau macht sich mitschuldig, weil sie keine Verantwortung übernimmt. Sie ordnet sich dem Mann unter. Der will ein Kind. Also bekommt sie eins. Dann aber macht sie ihm Vorwürfe dafür. Dieses Muster heißt Projektion.

»Unten« ist beim Jungen zunächst ja nur mal sein »Pippihahn«, also seine Geschlechtszugehörigkeit, die ihn dem Vater zustellt. Dieser

Igelsohn ist zu einem Teil auch der Vater. Oben aber, wo sich zeigt, was zählt, ist dieser bloß ein Igel, stachlig und widerborstig, wozu er, just geboren, doch noch gar keinen Grunde hat – oder?

Gibt es vielleicht Gründe für die Widerborstigkeit, die pränatal, also vor dem Kind und ganz bei den Eltern liegt? Eltern wollen davon nie gern hören. Für sie ist es ja wohl auch schlimm genug, dass ihr Kind widerborstig, igelig ist. Da wollen sie doch nicht noch reflektieren, dass sie womöglich Anteil, wenn auch nicht körperlich, so doch mental haben.

Behinderung heißt ja zunächst, gehindert sein. Schon eine körperliche oder geistige Verzögerung oder Abweichung in der Entwicklung kann als Behinderung angesehen werden. Aber diese Gesellschaft der Äußerlichkeiten betrachtet als Behinderung, was sichtbar anders und auffällig lästig erscheint. Deshalb ist der Hans in diesem Märchen ein Igel. Seine Behinderung ist offensichtlich.

Und nun?

Betrachten wir die Situation, die Notsituation, wie man bei Märchen sagt: Nach forcierter Schwangerschaft bringt eine Frau ein missgestaltetes Kind zur Welt. Die Welt, in die dieser neue Erdenbürger geworfen wird reagiert ablehnend. Die leibliche Mutter erschrickt beim Anblick des Kindes. Der Vater will von allem nichts wissen, das Märchen erwähnt es nicht, doch meist gibt er der Frau die Schuld, die in seinen Augen versagt hat. Eine Frau taugt nur, wenn sie gesunde Kinder zur Welt bringt.

Die Frau reagiert auf diese stummen oder ausgesprochenen Vorwürfe, in die Schwieger/Eltern und andere liebe Verwandte nach Herzenslust einstimmen. In seltener Einigkeit zeigen sie mit dem Finger auf die Mutter. Später werden der Kinderarzt, die Erzieherinnen und Lehrer in den Kanon einstimmen. Wie soll die Frau darauf reagieren? Sie ist belastet durch das Kind, das sticht. Und die Mutter ist es doch als erste, die diese Stiche ertragen muss. Wie lange schafft sie das, wenn ihr der Mann nicht beisteht. Wann ist ihre Liebe für das Kind aufgezehrt? Also weist sie dem Mann Schuld zu, damit er sich zu ihr bekenne, ihr beistehe – was natürlich so nicht funktioniert. Die Frau projiziert ihre Versagensängste auf der Mann und der wird dem auszuweichen versuchen. Auch hinter Überfürsorglichkeit, kann man sich verstecken, wie wir noch sehen werden.

Und die moralische Instanz? Vater und Mutter sind sich schnell einig, das Kind muss getauft werden und sein Name kann nur Hans mein Igel sein. Und: »Als er getauft war, sagte der Pfarrer: ›der kann wegen seiner Stacheln in kein ordentlich Bett kommen.‹« Selbst die Kirche – so wird uns hier erzählt – gibt das behinderte Kind auf, schiebt es stellvertretend für die gesamte Gesellschaft ab. »Da ward hinter dem Ofen ein wenig Stroh zurecht gemacht und Hans mein Igel darauf gelegt.« Ein Baby, hinter dem Ofen! »Er konnte auch an der Mutter nicht trinken, denn er hätte sie mit seinen Stacheln gestochen.« Wird uns fadenscheinig erklärt.

Hier wird das Bild einer schwer beladenen Familie gezeichnet. Die jungen Eltern sind allein gelassen mit einem Kind, das sie überfordert und ihre Beziehung belastet, vielleicht sogar im Kern zerrüttet. Dann wird oft an der Oberfläche poliert. Die gesamte Familie strukturiert sich um »das Kind hinterm Ofen«. Der Vater ist ständig beschäftigt, irgendwelche Erleichterungen zu ersinnen und »Geld ranzuschaffen«. Das bietet ihm die Möglichkeit zum Rückzug. Die Mutter umhegt und umsorgt das Kind, putzt es fein zurecht. Und das retardierte, dissoziierte oder körperlich und/oder geistig behinderte Kind steuert mit seinen Bedürfnissen und Befindlichkeiten das gesamte Familiensystem – an sich ohne Absicht natürlich.

All diese Klimmzüge und Scharaden, die eine betroffene Familie aufführt, um sich emotional irgendwie mit dem Unfassbaren und Unerträglichen zu arrangieren, erzählt das Märchen nicht. Eltern sind Vergangenheit, ihr Verhalten wird betrachtet, aber nicht analysiert, weil es keinen Sinn hat. Im Wesentlichen dient diese Betrachtung auch nur dazu, die Ausgangssituation des Kindes möglichst facettenreich vorzuführen.

Wir erfahren, das unnormale Kind wird ausgegrenzt und abgeschoben, da ändern schließlich auch ein Integrationskindergartenplatz und behindertengerechte Autobahntoiletten nichts daran. Das sind willkommene, notwendige Erleichterungen für den Alltag, aber die Ausgrenzung des Behinderten findet nicht auf der Autobahntoilette statt. Der igelige Hans lag »da hinter dem Ofen acht Jahre und sein Vater war ihn müde, und dachte, wenn er nur stürbe; aber er starb nicht, sondern blieb da liegen.«

Die Gesellschaft weiß nicht, was sie mit ihnen machen soll. Sie sind lästig, machen Mühe, kosten Geld, halten den Betrieb auf und sind meist kein schöner Anblick, ja, sie verschandeln das Stadtbild. Das muss weggemacht werden wie die Graffiti. Acht Jahre, wieso gerade acht Jahre. Warum hat der ehrbare Bauer das so lange ausgehalten mit der Missgeburt. Ja, aber auch wohin damit! Wenn der Balg doch wenigstens so viel Anstand hätte, freiwillig zu sterben.

Aber Hans, der ein halber Igel ist, stirbt nicht und bleibt da liegen. Bereits acht Jahre alt, wird er auch gar nicht mehr den ganzen Tag einfach hinter dem Ofen liegen, er wird herumlaufen, krabbeln oder krauchen, wie er sich nur bewegen kann. Er wird Unruhe stiften, stören, kaputt machen, mehr als andere Kinder. Er wird das Haus auf den Kopf stellen, sich Hof und Garten erobern. Und da haben wir den Salat. Die Nachbarn sehen den Krüppel, reden hinter vorgehaltener Hand darüber. Je älter dieser Hans wird, desto größer wird sein Explorationsraum und um so häufiger sein Kontakt mit Fremden.

Solange ein abnormes Kind klein ist und im Haus gehalten werden kann, mag sich eine Familie noch damit arrangieren, denn man kann die »Schande« ja unter der Decke halten. Tatsächlich sind genügend Fälle in historischer Vergangenheit bis in unsere Gegenwart bekannt, wo unliebe Kinder in Keller und Koben gesperrt und wie Tiere gehalten werden. So ist der Mensch des Menschen Wolf am eigen Fleisch und Blut. Nur weil seine Eitelkeit die Schande nicht tragen will. Je älter das Kind wird, desto höher wird für die Familie das Risiko, in peinliche Situationen zu kommen.

Der Märchenvater ist (zumindest zu sich) so ehrlich einzugestehen, dass er es leid ist. Er wünscht dem Sohn den Tod und darin verbirgt sich der Wunsch, ungeschehen zu machen, was er als persönliches Versagen empfindet. Tatsächlich schämen sich viele Väter ihrer behinderten Kinder. Von der Mutter ist hier nicht weiter die Rede, aber sie muss ihr Kind ja irgendwie versorgt haben, denn das stirbt nicht, »sondern blieb da liegen«, acht lange Jahre lang.

Die Wende

Reisen bedeuteten früher noch mehr Veränderung als heute. Es war für viele schon eine beschwerliche Reise, bis in die nächste Stadt zu fahren oder zu reiten. Deshalb reisten meist die Männer und die Mühe galt gewöhnlich dem Handel. Im »singenden springenden Löweneckerchen«* bringt der Vater von seiner Reise mit dem Löweneckerchen für die Schöne ein Geschenk, dass ihrer beider Beziehung und damit die Notsituation an sich symbolisiert. Der Vater hier bringt mit dem Dudelsack ein Symbol für den Aufbruch, also den Beginn der Suchwanderung.

* Band 5 dieser Reihe

»Nun trug es sich zu, daß in der Stadt ein Markt war und der Bauer wollte darauf gehen, da fragte er seine Frau, was er ihr sollte mitbringen. ›Ein wenig Fleisch und ein paar Wecke, was zum Haushalt gehört‹, sprach sie. Darauf fragte er die Magd, die wollte ein paar Toffeln und Zwickelstrümpfe, endlich sagte er auch: ›Hans mein Igel, was willst du denn haben?‹ – ›Väterchen, sprach er, bring mir doch einen Dudelsack mit.‹«

Es gibt ein Spiel, bei dem eine Person erraten werden soll, indem man sie mit Dingen vergleicht. Was für ein Baum ist diese Person? Was für eine Jahreszeit? Was für eine Blumensorte? Was für ein Instrument? Welches Instrument passt besser zu einem »entwicklungsneurologisch auffälligen« Kind als ein Dudelsack?

Der Dudelsack ist aber nicht nur ein Symbol für die Unerträglichkeit dieses Hans'. Weil sich Hans einen Dudelsack *wünscht,* ist der auch Ausdruck seines Selbstbewusstseins: Ja, zu mir, Hans Igel, passt ein Dudelsack.

Der Vater geht »hinter den Ofen und gab dem Hans mein Igel den Dudelsack. Und wie Hans mein Igel den Dudelsack hatte,« vollzieht sich eine Wandlung mit ihm. Er geht geradezu eine Symbiose mit dem Dudelsack ein und übernimmt gleichzeitig die soziale Führung, denn er bezieht nun kein Geschenk mehr vom Vater, er weist an: ››»Väterchen, geht doch vor die Schmiede und laßt mir meinen Göckelhahn beschlagen, dann will ich fortreiten und will nimmermehr wiederkommen.‹ Da war der Vater froh, daß er ihn loswerden sollte, und ließ ihm den Hahn beschlagen...«

Gockelhahn ist eine Tautologie wie Lindwurm. Als Lind immer weniger verstanden wurde, hing man den bekannteren Wurm eben an. Gockel oder Göckel, Göcker, Güggel ahmt den Sammelruf des Hahns nach. Bis heute verwenden wir Gockel als Metapher für einen eitel auftretenden Mann.

Nachdem Hans ein Kommunikationsorgan, den Dudelsack, noch quasi vom Vater geerbt hat, fordert er sich ein adäquates Bewegungsorgan nun offensiv ein. Es ist trotziges, aber es ist Selbstbewusstsein, was die Wahl des Hans bestimmt: Jawohl, schaut her, ich bin der, der auf dem Hahn reitet und Dudelsack spielt.

Der Vater stellt keine Fragen. Einen Hahn beschlagen lassen! Auch von verwunderten Fragen des Hufschmieds ist nicht die Rede. Nur schnell, schnell und in aller Stille erfüllt, was »das Tier« will, damit es sich verzieht. Ecce homo. Ja, er gibt ihm auch noch eine Mitgift mit, denn als der Hahn beschlagen »war, setzte sich Hans mein Igel darauf, ritt fort, nahm auch Schweine und Esel mit, die wollt' er draußen im Walde hüten.«

Der Bauer ist offenbar reich genug, um Hans die geforderten Schweine und Esel mitgeben zu können. Hören wir diesen Vater nicht regelrecht aufatmen? Und Hans nennt ihn Väterchen, das klingt liebevoll, zeigt aber auch, dass es kein ganzer, kein heiler Vater ist, sondern ein geschwächter und reduzierter, ein »armer« eben. »Väterchen« drückt auch den Rollentausch aus, durch den das Kind (kraft seiner Behinderung) das Familienoberhaupt dominiert.

Fortgehen heißt ankommen

Betrachten wir diese Abschiedsszene genauer, um den folgenden Lebensweg dieses gesellschaftlichen Außenseiters besser zu verstehen.

Wie alle Märchenkinder akzeptiert Hans seine Eltern (schlecht) wie sie sind und verlässt frohgemut das Elternhaus, was er ohnehin früher oder später tun muss. Und wie alle Märchenkinder wird Hans von seinen Eltern für seinen Lebensweg ausgestattet. Doch hier ist es keine liebevolle Mutter, die dem jungen Burschen Wegzehrung in den Ranzen packt, oder ein besorgter Vater, der ihm ein Erbstück, ein Geheimnis oder einen magischen Gegenstand mit auf den Weg gibt.

Hätte dieser Vater seinen Sohn freiwillig für die Suchwanderung ausgerüstet? Immerhin bringt er ihm den gewünschten Dudelsack, ein Musikinstrument, dessen erster Zweck darin bestand, Höllenlärm zu machen, um den Feind in der Schlacht einzuschüchtern, das aber trotzdem auch ein kreatives Instrument ist. Dieses Menschenkind will auf sich aufmerksam machen: Seht her, hier bin ich, so wie ich bin. Und ich, auch ich, will so geliebt werden, wie ich bin.

Als Musikinstrument hat der Dudelsack eine weitere Funktion. Er erlaubt dem Kind, sich kreativ auszudrücken und damit womöglich Defizite im Ausdruck auf der sprachlich-rationalen Ebene zu kompensieren. Der Dudelsack wird in diesem Zusammenhang zum globalen Symbol für die Arbeit mit seelisch eingeengten, reduzierten Kindern. Um ihnen zu helfen, um sie aus ihrer Opferrolle zu befreien, müssen wir ihnen sehr genau zuhören, sie wahrnehmen, erspüren. Und deshalb müssen wir ihnen erlauben, sich Gehör, Be-Achtung zu verschaffen, notfalls auch lauthals, und sich kreativ auszudrücken.

Der Gockel steht für Eitelkeit, also für Stolz, dessen Berechtigung zweifelhaft ist. Dass der Hahn auch noch beschlagen werden soll, verstärkt die

Symbolik, denn er wird damit zum bunten Pferdchen. Und das Pferd ist ein stolzes Tier. Hans bringt damit zum Ausdruck, dass sein Stolz geachtet, nicht gebrochen werden soll, selbst wenn er nur auf einem Hahn reitet und etwas laut und bunt daher kommt.

Hans lässt sich auch nicht etwa verjagen oder verdrängen, er hat einen klaren Lebensplan. Er will eine Herde hüten, eine Betätigung, die wir ihm gerne zutrauen. Und dafür »nimmt« er Schweine und Esel mit, als wäre das selbstverständlich.

Schweine stehen für Schmutz und Esel für Dummheit. Kinder werden gerne mit beiden Tierarten verglichen, um sie in ihrem Sosein herabzuwürdigen. Hans zieht also mit seinem Schmutz und seiner Dummheit fort, so können wir schnell interpretieren, hinaus in den Wald, wo er so sein kann, wie er ist.

Als vermutlich erstes Haustier wurde das Schwein in archaischer Zeit in besonderem Maße kultisch verehrt. Es ist ein Symbol für Fruchtbarkeit und Glück. Zu Neujahr sollte man einen Schweinerüssel essen, um im kommenden Jahr Glück zu haben, andere Teile des Schweins (Knochen, Hirn, Schwanz) wurden als Glücksbringer in anderen Sparten verwendet. Bis heute sagen wir: »Schwein gehabt«; wenn etwas gerade noch gut gegangen ist. Sogar in Fundamente von Kirchen wurden einst Schweineköpfe eingemauert, um das Böse abzuwehen, denn das Schwein gilt auch als Teufels- und Hexentier. Mythologisch ist die Sau ein Opfertier der (Großen Göttin) Demeter. Erst mit dem Übergang zum Patriarchat wird die Symbolik des Schweins verkehrt. Es gilt nun als unrein, suhlt es sich doch im Dreck und frisst jeden Abfall, den man ihm vorwirft. Es wird mit primitiver Sexualität (Schweinereien) assoziiert. Jemanden Sau zu nennen, ist bis heute ein böses Schimpfwort. Im Plattdeutschen Schimpfwort Swienegel (Schweineigel) für einen unsauberen Menschen zeigt sich auch eine Verbindung von Igel und Schwein.

Der Esel war in Indien und in der antiken Welt Symbol der Geilheit und zum Teil auch des bösen Prinzips. Er ist das ›schlechte Pferd‹, störrisch, dumm und faul. Auf dem grauen Esel statt auf dem stolzen Pferd zu reiten, bedeutet deshalb nicht nur Demut oder Demütigung, sondern auch die Beherrschung der niederen Kräfte. In der christlichen Symbolik wandelt sich der Esel gänzlich zum Symbol der Hingabe, weil Jesus auf einem Esel in Jerusalem einreitet.

Wir dürfen annehmen, dass Schwein und Esel in diesem Märchen mit Bedacht gewählt wurden und zumindest ursprünglich auf die vitale Basis hinweisen sollten. Eine behütete Herde vermehrt sich im (Ur-) Wald praktisch von selbst und ernährt so ihren Hüter.

Die andere Welt

Der Wald, in den Hans auszieht, ist natürlich der Zauberwald, die Seelenlandschaft. Nur dort ist Heil zu erwarten. »Im Wald aber mußte der Hahn mit ihm auf einen hohen Baum fliegen, da saß er und hütete die Esel und Schweine.«

Ein Hahn, der auf einen hohen Baum fliegt, mag uns heute sonderlich vorkommen, doch in früheren Zeiten war auch das Haushuhn noch kräftig genug, um hoch zu fliegen. Der Gockel sitzt gern erhaben, um seine Hühner zu überblicken. Deshalb flog er nicht selten auf den Dachfirst. Von daher leitet sich die Metapher vom roten Hahn ab, wenn es brennt, weil die Flammen wie ein Gockel auf dem First stehen.

Auf dem hohen Baum ist Hans der Welt da unten entzogen. Was soll einer tun, der mit und in der Welt nicht zurecht kommt? Er zieht sich zurück, in irgendeinen geistigen Raum. Manche dieser Räume sind abgründig, manche abgehoben. Das behinderte Kind kann sich weniger aktiv handelnd (maskulin) entwickeln, sondern nur mehr passiv (feminin). So sind es ja auch in der Regel die männlichen Protagonisten, die durch den Zauberwald wandern, um zu finden; die weiblichen, um gefunden zu werden. An solchen Details allerdings den Feminismus zu wetzen, ist Zeichen von Unverstand, weil männlich und weiblich im Märchen ebenso symbolisch zu verstehen sind wie arm und reicht, hässlich und gut.

Hans mein Igel entwickelt sich passiv. Er sitzt im Baum und spielt auf seinem Dudelsack, ist also kreativ (feminin) und lässt sich von der (mütterlichen) Herde ernähren, die er hütet, was eine maskuline Ausdrucksform ist, aber eine sehr reduzierte. Seine »Musik, die war sehr schön«, beweist, dass sich Hans tatsächlich entfaltet, denn der Dudelsack erschien uns zunächst als Krachinstrument, jetzt hören wir liebliche Töne, lieblich genug, um einen König anzulocken, der sich verirrt hat.

Hier wird ein geradezu idyllisches Bild gemalt, wie der musizierende Igel auf dem Gockel im Baum sitzt und sich unter dem Baum die Herde von Schweinen und Eseln friedlich tummelt und wie von selbst immer größer wird. Niemand schert sich um seine Igelgestaltigkeit, und Hans kann ganz für sich in seiner Welt heile und stark werden, wozu es Ruhe und Zeit, also Geduld braucht. Wie ein ruhender Pol scheint dieser

Baum, ein Rückzugsort, ein Kraftplatz, ein Ort der Einweihung.

Der Baum findet seine Entsprechung im Turm. In der Übergangsphase vom Kind zum Erwachsenen (Pubertät) wurden Jungen wie Mädchen in Vorzeiten rituell von ihren Familien getrennt, in der Wildnis ausgesetzt oder in Hütten eingesperrt, später auch in Jungfrauentürme*, um als Erwachsene in die Gemeinschaft der Gleichberechtigten zurückzukehren. Eine solche Zeit der Abgeschiedenheit und Meditation durchläuft Hans auf dem Baum, ähnlich wie der »Eisenhans«** an seinem Goldbrunnen. Hans wartet auf seinem Baum darauf, gefunden zu werden, wie auch das Mädchen in »Die sechs Schwäne« (KHM 49) und manch andere. Hans mein Igel »saß lange Jahre, bis die Heerde ganz groß war, und wußte sein Vater nichts von ihm.« Die Herde ist sein Vermögen, Vermögen im erweiterten Sinne.

Nun wissen wir aber, dass nach der Zeit der Zurückgezogenheit und Meditation, des Erwerbens, wieder eine Zeit der Aktivität, des Voranschreitens des Ausgebens folgt. Irgendwann tritt in den klösterlichen Frieden ein Ereignis ein. Im Märchen ist es immer wieder ein König, also eine Hauptperson, die sich in diese andere Welt ver-

* vgl. »Dornröschen«, Bd. 3 dieser Reihe, oder Rapunzel (KHM 12)
** Bd. 7 dieser Reihe

irrt, sich nicht zurechtkennt und nicht wieder hinaus findet. Der Protagonist als erfahrener Andersweltler (Schamane) hilft und wird dadurch veranlasst, ›vom hohen Baum hinabzusteigen‹.

Auch bei Hans mein Igel kommt ein verirrter König vorbei. Allein die Umständlichkeit, mit der dieser erste Kontakt mit der Welt abläuft, lässt nichts Gutes ahnen: »Einmal kam ein König vorbeigefahren, der hatte sich verirrt und hörte die Musik; da verwunderte er sich darüber und schickte seinen Bedienten hin, er sollte sich einmal umgucken, wo die Musik herkäme. Der guckte sich um, sah aber nichts, als ein kleines Thier auf dem Baum oben sitzen, das war wie ein Göckelhahn, auf dem ein Igel saß und machte die Musik. Da sprach der König zum Bedienten, er sollte fragen, warum es da säße und ob es nicht wüßte, wo der Weg in sein Königreich ging.«

Prinzen und Könige, die verwunschenen Jungfrauen aus Bäumen hinab auf die Erdenwelt verhelfen, sind gewöhnlich sehr höflich. Dieser famose Herr König hier ist einfach nur höfisch. Wir werden ihn gleich noch richtig kennen lernen.

Der verwunschene Wunsch

Hans mein Igel ist natürlich hilfsbereit und will den Weg zeigen, doch er stellt eine Bedingung, er will einen Lohn, ähnlich wie Rumpelstilzchen.[*] Während Rumpelstilzchen aber lebendigen Reichtum (Kind) gegen tote Materie (Gold) tauscht, äußert Hans mein Igel den märchenbekannten verwunschenen Wunsch nach »dem..., was...«. Beim »singenden, springenden Löweneckerchen«[2] ist es das, was entgegengelaufen kommt; beim »Mädchen ohne Hände«[3] das, was hinter der Mühle steht.

Nach genau diesem verhängnisvollen Schema stellt Hans mein Igel seine Bedingung, er wolle ihm nur dann den Weg zurück ins normale Leben zeigen, »wenn der König ihm wollte verschreiben und versprechen, was ihm zuerst begegnete am königlichen Hofe, wenn er nach Haus käme.«

Und wir sehen, Hans ist schlau, er lässt sich nichts versprechen und lässt sich nicht übers Ohr hauen wie der »Hans im Glück« (KHM 83), er will es schriftlich haben. Wohlweißlich. Wir dürfen annehmen, dass Hans in den Jahren auf dem Baum gereift ist und bereit, in jene Welt zu treten, die ihn von Anfang an abgelehnt hat. Doch

[*] Bd. 13 dieser Reihe; [2] Bd. 5 dieser Reihe; [3] Bd. 10 dieser Reihe

befreit ist Hans von dieser frühkindlichen Prägung noch nicht. Er hat eine Bitte, aber er ist nicht fähig, sie direkt auszusprechen. Er befürchtet, zurückgewiesen zu werden. Deshalb verklausuliert er seinen wahren Wunsch, dass er die Tochter des Königs zur Frau will. Hans ›weiß‹, dass der König das ablehnen würde.

Eine solche Hintenherum-Bitte gibt dem Angesprochenen die Möglichkeit, vorsätzlich oder unbewusst das durch die Blume Gesprochene falsch zu verstehen. Der reiche Kaufmann denkt, es sei das Hündchen gemeint, das ihm begegnet, der arme Müller, der alte Apfelbaum, der hinter dem Haus steht. Beide machen sich etwas vor, denn wenn sie ehrlich zu sich wären, wüssten sie angesichts des Bittstellers, was wirklich gemeint ist. Was soll der verwunschene Prinz mit einem Hündchen, der lüsterne Teufel mit einem Apfelbaum!

Doch nach genau diesem Muster werden soziale Beziehungen geknüpft. Jeder einzelne projiziert sein Bild, seine Erwartungen und Ängste auf seine Umwelt und nimmt nur die Reflexionen dieser Projektionen wahr. Hans *muss* auf Menschen treffen, die ihn ablehnen, weil er es erwartet und weil er nur so Gelegenheit erhält, die durch das Trauma erzeugte Bindung und Verstrickung in sich zu erlösen. Das Märchen macht diese wechselseitige Beziehung deutlich, indem es nun in die Perspektive des Königs schwenkt, der sein Bild vom Igelhans längst fertig hat:

»Da dachte der König, das kannst du leicht thun, Hans mein Igel versteht's doch nicht und kannst schreiben was du willst. Da nahm der König Feder und Dinte und schrieb etwas auf.«

Hier wird für den Selbst/Betrug nicht einmal ein Missverständnis konstruiert, dieser König betrügt ganz direkt, weil er sieht, dass sein Geschäftspartner das gar nicht merken kann und das schlau geforderte schriftliche Versprechen die Tinte nicht wehrt ist, mit der es aufgeschrieben wird.

»Und als es geschehen war, zeigte Hans mein Igel ihm den Weg und er kam glücklich nach Haus.«

Es kommt natürlich genau so, wie wir es als Zuhörer erwarten müssen. Die Königstochter sieht den Vater schon von weitem heimkommen und »war so voll Freuden, daß sie ihm entgegen ging und ihn küßte.« Nun muss der Vater berichten, was er versprochen hat, dann gleich sagen, dass es so aber nicht geschehen soll, und die Tochter muss sich tapfer für den Vater ›opfern‹. Jedenfalls findet sich dieses Klischee gewöhnlich in Märchen.

Doch dieser Vater hat schon vorgesorgt und hat das auch ganz im Sinne seiner Tochter getan, denn tatsächlich will Prinzesschen nichts mit dem »wunderlichen Thier« zu tun haben, »das auf einem Hahn geritten und schöne Musik gemacht«. Nun kann sich der stolze Vater brüsten, dass er diese Gefahr abgewendet hätte, bevor sie überhaupt entstanden sei. Frohlockend erzählt er, »er hätte aber geschrieben, es sollt's nicht haben, denn Hans mein Igel könnte es doch nicht lesen. Darüber war die Prinzessin froh und sagte, das wäre gut, denn sie wäre doch nimmermehr hingegangen.«

Unschuldig und gutmütig ahnt Hans von diesem Betrug nichts. Es scheint ihn gar nicht zu kümmern, er »hütete die Esel und Schweine, war immer lustig und saß auf dem Baum und blies auf seinem Dudelsack. Nun geschah es, daß ein anderer König gefahren kam.«

Es ist typisch für das Märchen, das bestimmte Szenen dreimal wiederholt werden. Abgesehen von der Bedeutung dieser Verdreifachung lohnt es manches Mal, den jeweils verwendeten Wortlaut genau zu betrachten. Besonders in »Von dem Fischer und seiner Frau«* wird dieses dramaturgische Mittel intensiv eingesetzt.

Dieses Mal wird ausgesprochen, dass Hans auf

* Bd. 9 dieser Reihe

dem Gockel sitzend vom Baum heruntersteigt und er zeigt nicht einfach nur den Weg, sondern reitet »auf dem Göckelhahn voraus«. Aber dieser König hatte auch ja gesagt »und unterschrieb sich dem Hans mein Igel, er sollt' es haben«. Hans scheint in der Zwischenzeit weiter gereift. Ganz ohne Zutun, einfach indem er sein darf, wie er ist, auf dem Hahn auf dem Baum auf dem Dudelsack pfeifend. Er reift wie eine Frucht oder wie die Herde zu seinen Füßen, die auch als Symbol für Hans' persönliches Wachstum gesehen werden kann.

Der zweite König kommt also nach Hause und seine schöne Tochter ist von gutem Hause. Er erzählt ihr was geschehen und was er versprochen »und das täte ihm nun so leid«. Und die Tochter reagiert wie alle guten Märchentöchter, die am Ende den Protagonisten und damit sich selbst erlösen: »Da versprach sie ihm aber, sie wollte gern mit ihm gehen, wann er käme, ihrem alten Vater zu Liebe.«

So spannt sich der Bogen von Gut und Böse vor Hans mein Igel auf, doch der schert sich gar nicht darum.

Selbstfindung

Wie in großen Epen ist nun das Schlachtfeld beschrieben: hier die Bösen, dort die Guten; in der Mitte dazwischen der Held. Hans mein Igel.

Nach der Dreigliederung des Märchens befinden wir uns im Stadium der Suchwanderung, doch dieser Märchenheld wandert nicht, er sitzt auf einem Baum und hütet Schweine. Er meditiert und vermehrt sein Glück.

»Hans mein Igel aber hütete seine Schweine und die Schweine bekamen wieder Schweine und diese wieder und wurden ihrer so viel, daß der ganze Wald voll war.«

Bedenken wir, dass der (Zauber-) Wald für die Seele steht, so ist Hans' Seele endlich vom Schwein (Glück) erfüllt. Da muss in ihm ein Wunsch aufsteigen. Tief in ihm ist eine Wunde, die ihm sein Vater geschlagen hat. Heilen möchte er diese Wunde. Das gewonnene Glück Heim tragen, so wie jeder Heim trägt, was er in der Fremde erreicht hat.

Hans will sein Glück nicht für sich behalten. Er will es mit seinem ganzen Dorf teilen. Alle sollen sehen, wie viel Glück er gefunden hat, und daran Teil haben, dass sie sagen können, du Bauer, dein Sohn hat es zu etwas gebracht. Dann endlich, wünscht sich Hans so sehr, wird sein Vater ihn annehmen als seinen lieben Sohn.

»Da ließ Hans mein Igel seinem Vater sagen, sie sollten alle Ställe im Dorf ledig machen und räumen, er käme mit einer so großen Heerde Schweine, daß jeder schlachten sollte, der nur schlachten könnte.«

Muss denn ein Vater nicht stolz wie nur was sein, wenn sein Sohn mit einem solchen Reichtum nach Hause kommt und ihn auch noch freizügig an alle verschenkt, mit denen zusammen man sein Leben arrangieren muss? Nein. Nicht, wenn die Emotion stärker ist, der Abscheu vor dem eigenen Versagen. Nicht, wenn dieser Sohn auf einem beschlagenen Göckelhahn dahergeritten kommt und auf einem Dudelsack bläst. »Da war sein Vater betrübt, als er das hörte, denn er dachte, Hans mein Igel wäre schon lang' gestorben.«

Wie souverän Hans inzwischen geworden ist, beweist er, indem er sich über die Ablehnung durch seinen Vater hinwegsetzt. Er geht seinen Weg, wie er ihn für nötig erkannt hat. Die nachfolgende Beschreibung des dörflichen Treibens kann nur verstanden werden, wenn man bedenkt, dass zu Märchenzeiten Hunger ein nicht seltener Gast bei Tisch war. Besonders im Winter, wenn Garten und Acker nichts mehr hergeben, hatte

Schwein, wer ein Schwein hatte. Doch für die meisten war es immer ein großes Glück, etwas auf dem Teller zu haben, was nicht Wurzel, Kraut oder Rinde war.

»Hans mein Igel aber setzte sich auf seinen Göckelhahn, trieb die Schweine vor sich her in's Dorf und ließ schlachten: hu! da war ein Gemetzel und ein Hacken, daß man's zwei Stunden weit hören konnte.«

Wo ist der alte Vater, dem das alles nur peinlich ist, in dieser Zeit des Schlachtfestes? Jedenfalls geht Hans nun wieder zu ihm hin und weist ihn erneut an: »Väterchen, laß mir meinen Göckelhahn noch einmal vor der Schmiede beschlagen, dann reit' ich fort und komm' mein Lebtag nicht wieder. Da ließ der Vater den Göckelhahn beschlagen und war froh, daß Hans mein Igel nicht wieder kommen wollte.«

Wenn sich diese Szene hier fast wortgleich wiederholt, wie sich alle Schlüsselszene in diesem Märchen wiederholen, so zeigt dies, dass der Vater in all den Jahren nicht vorangekommen ist. Wieder tut er alles, um nur dieses unliebsame Kind fortzubekommen. Und wenn er einen Göckelhahn muss beschlagen lassen. Und Hans verspricht ihm ein zweites Mal, nicht wiederzukommen. Und er wird dieses zweite Versprechen ein zweites Mal brechen.

Entscheidung

Nun ist Hans mein Igel so weit. Jetzt kann er hinaustreten auf das Schlachtfeld zwischen Gut und Böse wie Arjuna in der Bhagavadgita. Und »Hans mein Igel ritt fort in das erste Königreich.« Dort begegnet Hans dem Bösen. Er hat geholfen, hat vertraut, und nun wird er bitter enttäuscht. Die Regie des Märchens ist raffiniert. Wir wissen zwar schon, dass dieser erste König einen Betrug begangen hat, doch wir wissen noch nicht, wie. Jetzt wird es uns erzählt. »Da hatte der König befohlen, wenn einer käme auf einem Hahn geritten und hätte einen Dudelsack bei sich, dann sollten alle auf ihn schießen, hauen und stechen, damit er nicht in's Schloß käme.«

Der König ist eine Verbindung mit dem Behinderten eingegangen, weil er in Not war und seine Haut retten wollte, doch nun ist er nicht bereit, diese Verbindung auch einzulösen. Das nennen wir Betrug oder Verrat. Der König hat sich herausgenommen, Hans mein Igel so schlecht zu behandeln, weil er sich vorgestellt hat, der könne sich nicht wehren. Also kann ich es mit ihm machen, ist die Moral dieses Königs. Wie viele um uns herum folgen ihm darin!

Dieser Böse im Märchen hat den Hans jedoch unterschätzt. Der hat inzwischen im Wald in der

Klause übermächtige Kräfte entwickelt. »Als nun Hans mein Igel dahergeritten kam, drangen sie mit den Bajonetten auf ihn ein, er aber gab dem Hahn die Sporn, flog auf, über das Thor hin vor des Königs Fenster, setzte sich da und rief ihm zu: ›sollt' ihm geben, was er versprochen hätte, sonst so wollt' er ihm und seiner Tochter das Leben nehmen.‹«

Dieser Hahn ist ein Götterhahn, ein Garuda, Symbol von Mut und höherem wissen, ein Kampfhahn, und der Dudelsack-Hans, den er trägt, ist ein Erwachter. Wo sich ihm das Unrecht in den Weg stellt, wird er zum Rächer. Doch er ist nicht handelnd, er wird nicht zum Täter. Er reflektiert nur die Taten des Königs und seiner Tochter. Die haben Angst vor der Wahrheit, die Hans verkörpert.

Schnell sind die Väter des Bösen bereit, ihre Kinder zu ›verkaufen‹, um die eigene Haut zu retten. Deshalb »gab der König der Prinzessin gute Worte, sie möchte zu ihm hinaus gehen, damit sie ihm und sich das Leben rettete.«

Nun muss die Ungehorsame sich beugen. Sie macht sich als Braut zurecht, doch wenn sie sich auch weiß anzieht, sie ist nicht unschuldig. Sie ist wohl *Virgo intacta,* wie wir gleich erleben werden, doch sie ist nur äußerlich unversehrt, unschuldig, nicht aber innerlich. Versehrtheit ist, nebenbei bemerkt, ein Synonym für Behinderung, so dass wir diese Königstochter getrost unter den erweiterten Behinderungsbegriff subsummieren können.

Diese Königstochter hat keine reine Seele mehr. »Ihr Vater gab ihr einen Wagen mit sechs Pferden und herrliche Bediente, Geld und Gut«, doch das alles ändert nichts daran, dass man erntet, so wie man sät. Dieser König hat Bosheit gesät und seine Tochter wird stellvertretend für ihn Schmerz und Kummer ernten.

Die ›verkaufte Braut‹ setzt sich in die Kutsche und Hans mein Igel mit Hahn und Dudelsack daneben. So nehmen sie Abschied und der König denkt sich seine Tochter unter der Haube. Doch eine Beziehung, die auf Täuschung, Lüge und Falschheit aufgebaut ist, kann nicht lange gut gehen. Bei diesem Paar reicht es gerade »ein Stück Wegs vor die Stadt«.

Ohne langes Federlesen defloriert Hans das Mädchen und schickt sie dann fort: »Da zog sie Hans mein Igel aus und stach sie mit seiner Igelhaut bis sie ganz blutig war.« Diese Szene und ihre Moral wird man heutzutage eifrig diskutieren wollen. Doch auch hier sollten Erwachsene zunächst innehalten und sich genau ansehen, wie wir unsere Kinder mit Sexualität konfrontieren und welche Moral wir ihnen (nicht) mit auf den Weg geben.

In einer alltäglichen Beziehung wird es selten so verdichtet ablaufen. Das Paar wird eine gewisse Zeit versuchen, miteinander auszukommen, doch am Ende wird es unter dem Strich genau so aussehen, sie wird als ›erfahrene Frau‹, vielleicht sogar alleinerziehende Mutter zurückbleiben und er wird fortziehen und *beide* werden sich betrogen fühlen und verbittern.

Unser Hans ist allerdings geschützt, denn er hat ja seine Igelhaut. Es ist diese Igelhaut, an der die falsche Königstochter ihre gerechte Strafe findet. Hans sagt dazu: »Das ist der Lohn für eure Falschheit, geh' hin, ich will dich nicht«; und schickt sie nach Hause zurück, wo sie, wie uns noch mitgegeben wird, ihr Lebtag in Schimpf und Schande lebte.

Es sind diese Stellen, an denen ›Märchenkritik‹ gerne ansetzt. Man will nicht wahr haben, dass diese Szene die Realität vortrefflich symbolisiert, und wenn man's erkennt, will man's Kindern nicht »zumuten«, verdrängt dabei aber, dass man außerhalb des Schutzraums Märchen Kindern ganz anderes zumutet. Das ist die typische Perspektive des Erwachsenen, der meint, er könne dem Kind etwas vormachen, nur weil sein rationaler Verstand weitere Möglichkeiten hat. Dabei verkennt er, dass Kinder auf anderen Ebenen, zu denen die meisten Erwachsenen keinen Zugang mehr haben, vieles wahrnehmen.

Hans beweist hier zunächst, dass er inzwischen ein scharfes Unterscheidungsvermögen erworben hat und dass er sich nicht durch weltliche Güter blenden lässt. Hans handelt gerecht, weil er unschuldig ist, weil seine Seele rein ist. Gerne projiziert die verletzte Seele etwas in diese Szene, das Hans zum Täter, die Prinzessin zum Opfer macht. Ja, es gibt schmerzhaft viele Situationen, wo es tatsächlich so ist. Aber all die Situationen, in denen es nur projiziert wird, sind genauso schmerzlich.

Hans handelt unschuldig. Es wird nicht einmal angedeutet, dass er ihr Gewalt antut – abgesehen von der symbolischen Defloration. Aber die Jungfrau ist Hans mitgegeben worden. Sie ist nicht wirklich freiwillig gegangen, doch nicht Hans hat sie gezwungen, ihr eigenen Vater hat sie mit Angst gefügig gemacht und es ging dabei und immer davor nur um ihn, seinen Vorteil.

Hans hat mit der Jungfrau eine, vermutlich auch seine erste sexuelle Begegnung. Weil sie ihn nicht liebt, kann er es gar nicht erwarten, sie zu »nehmen«. Gleich hinter der Stadt in der Kutsche oder im Gebüsch? Wo bleiben die Bediensteten derweil? Schauen sie zu?

Sie liebt ihn nicht und Hans liebt sie nicht. Er begehrt sie nur. Und weil sie ihn nicht liebt und er sie nicht, kann er seine Igelhaut auch nicht abstreifen. Und die Haut sticht die junge Frau blutig. Blutig wäre sie anders auch, doch jetzt, wo Hans' Drang gestillt ist, spätestens jetzt, fühlt er die Traurigkeit. Wieder ist er betrogen worden: Der König hat seine Tochter prostituiert, um seinen Kopf zu retten. Deshalb verlässt Hans die Prinzessin. Das ist die Strafe, die sie verdient hat, weil sie nicht aufrichtig war.

Sexuelle Einweihung

Sexualität ist das größte Mysterium im menschlichen Leben. Dieses Rätsel zu lösen, die größte Aufgabe. So wundert es nicht, wie vielfältig Märchen in sexuelle Zusammenhänge einweihen und damit feinfühlig und frühzeitig einen nährenden Grund in der Seele schaffen, damit die erwachende Sexualität einen weichen Boden findet und die zarten Triebe in Achtung und Ehrfurcht mit anderen zusammenranken können.

Märchen weben unterbewusste Bildteppiche in die heranreifende Seele, in die das Wissen der Kultur eingesponnen ist. Das noch nicht geschlechtsreife Kind nimmt diese Bilder auf, ohne sie zu verstehen. Sie setzen sich in seinem Bewusstsein ab und werden aktiviert (assoziiert), wenn mit der Geschlechtsreife entsprechende Lebenssituationen entstehen. Über die verinnerlichte Bildsymbolik steht dem Kind dann sofort ein Handlungsprogramm zur Verfügung.

Diese Methode, vorab Bildsymbole in der heranwachsenden Seele (Psyche) abzulegen, ist abgesehen vom Vorbild, das wir ja zu oft gar nicht sind, m. M. n. die einzig mögliche Form von Erziehung, die ohne Angst auskommen will. Alles rationale Erklären, Ermahnen und Vorschriftenmachen ist, wie wir leicht sehen können, ohne große Wirkung.

Wenn wir erfahren, dass heute für 14-Jährige sexuelle Begegnungen normal sind, dann ist es wenig erfolgversprechend, diesen Kindern Predigten zu halten; unverantwortlich, sie mit Hormonen (Antikonzeptiva) voll zu pumpen; und praktisch aber unmoralisch, sie über Verhütungsmittel aufzuklären. Wenn diesen Kindern nicht zuvor – zum Beispiel eben durch Märchen – Leben fördernde Verhaltensstrategien vermittelt worden sind, wird es zur Verletzung kommen. Die »Igelhaut« wird zwischen dem Jungen und dem Mädchen sein – und wenn sie noch zehn Jahre warten, zwischen dem Mann und der Frau.

Die positive Einflussnahme, die alle Eltern und Erzieher so gerne ausüben würden, ist eben nicht möglich, indem wir auf die Kinder einreden, und wenn es noch so gut gemeint ist: Pass bloß auf! Mach keine Dummheiten! Reiß dich zusammen! Wenn wir mit Kindern kommunizieren wollen, das heißt, wenn wir wollen, dass unsere Nachricht wirklich ankommt, dann müssen wir in der Sprache der Kinder sprechen und die ist bildhaft wie die Sprache der Märchen, denn beide, Kindersprache und Märchensprache sind Dialekte der Seele. Sagen wir nicht von einem Greis voller Wärme und Weisheit, er sei *innerlich* ein Kind geblieben?

Also betrachten wir diese Entjungferungsszene wie sie ist. Hans »nimmt« die Prinzessen als Frau, doch zwischen den beiden steht die Lüge. Deshalb können sie sich nicht wirklich vereinen. Sie können sexuell verkehren. Das geht immer. Dabei ›fließt Blut‹. Aber ihre Seelen berühren sich nicht, weil die Lüge zwischen ihnen steht. Sexualität ohne Seele, also ohne Liebe ist Sünde, nicht die Sexualität selbst, sondern die fehlende Liebe. Denn wo Liebe fehlt ist Angst. Gibt es eine bessere sexuelle Aufklärung als diese?

Keine Prostituierte lässt einen »Freier« freiwillig in sich eindringen; es ist immer irgendeine Angst, die sie treibt. Auch diese Jungefrau hier prostituiert sich – für ihren Vater. Angst um sein und ihr Leben, die er ihr eingeredet hat, treibt sie.

Hans ist betrogen, wie jeder Freier auch betrogen ist, denn jeder sucht die Liebe. Und es kommen viele, ihm einen Ring daraus durch die Nase zu ziehen und ihn zur Schlachtbank zu führen. Hans ist betrogen, doch weil er unschuldig ist, nicht verletzt. Er steht auf und geht weiter, setzt seinen Weg unbeschadet fort. Einzige ›Strafe‹ für in ist, dass er sich verirrt hat, dass er seiner Igelhaut noch immer nicht ledig ist.

Das Märchen spricht es ja an dieser Stelle nicht aus, aber hier geschieht etwas. Bislang war Hans »mein Igel«. Jetzt, mit der Geschlechtsreife, wo die Igelhaut die Jungfrau blutig sticht, wird er zum Tierbräutigam. Zumindest der Märchenkenner erkennt hier, vielleicht etwas überrascht, ach ja, der ermannte Hans mein Igel ist ein Tierbräutigam, tags ein Tier (gefühlsunreif), nachts, unter dem Einfluss des Mondes (Seele), weich wie Wachs in den Händen einer liebenden Frau, die keine Angst vor dem Tier kennt. Also sucht der Tierbräutigam diese Frau.

Es gibt Märchen, in denen er auf unsensible Frauen trifft, die seine Tierhaut verbrennen, zwar um ihn zu erlösen, doch sie verlieren ihn dadurch und müssen ihn schmerzhaft zurückgewinnen.

Unserem Hans hier wird es besser ergehen, weil er die liebende Frau findet, die seltene Kostbarkeit.

So viel Lebensweisheit wird dem Kind in dieser einen Szene vermittelt, so viel wahres Wissen über Mann und Frau und das dazwischen. Die Ablehnung dieser Szene ist eine Projektion aus den eigenen Verletzungen und der eigenen ›Schuld‹. Wie viele Beziehungen gibt es denn, in denen die Liebe der Frau dem Mann ermöglicht, seine Igelhaut abzustreifen und sie nicht zu stechen? Die Stacheln der Igelhaut heißen »Falschheit«.

Erlösung

Auch das ist spirituelle Regel: Nur wer durch die Unterwelt gegangen ist, kann in die Oberwelt gelangen. Deshalb muss Hans zunächst das Reich der Falschheit durchmessen, bevor die Erlösung durch das Rechte möglich wird.

Hans zieht also weiter, in das zweite Königreich. Hier trifft er auf einen König, der zu seinem Wort steht und sich nicht vor Konsequenzen drückt. Hans wird in allen Ehren empfangen. Und auch die Prinzessin zeigt sich aufrichtig: »Wie ihn nun die Prinzessin sah, war sie erschrocken, weil er doch gar so wunderlich aussah, sie dachte aber, es wäre nicht anders, sie hätte es ihrem Vater versprochen. Da wurde Hans mein Igel von ihr bewillkommt.«

Diese Familie nimmt den in ihre Mitte auf, mit dem sich der Vaterkönig in der Not verbunden hat. Hans wird »an die königliche Tafel« gebeten und die Prinzessin »setzte sich zu seiner Seite und sie aßen und tranken.«

Die Aufrichtigkeit dieser Prinzessin zeigt sich aber auch in ihrer Ehrlichkeit. »Wie es nun Abend wurde, daß sie wollten schlafen gehen, da fürchtete sie sich sehr vor seinen Stacheln, er aber sprach, sie sollte sich nicht fürchten, es geschehe ihr kein Leid.«

Dass ist Liebe, sagt uns das Märchen, ehrlich zu sein, auszusprechen, was ist. Indem die Prinzessin ihre (subjektive) Wahrnehmung unvoreingenommen und in Liebe ausspricht, kann Hans dem entsprechend begegnen und seine (subjektive) Wahrnehmung unvoreingenommen und in Liebe daneben stellen. Diese Sicherheit, nicht wieder betrogen zu werden, gibt ihm die Kraft zur Wahrheit, zeigt ihm, wie er die ›Igelhaut‹ loswerden kann. Und auch das geschieht in diesem Märchen zweimal, nämlich einmal passiv in der Schilderung durch Hans und einmal aktiv durch das direkte Tun.

Diese Tierhaut loszuwerden, also die Transformation des maskulinen Sexus in den femininen Eros, wird eine große Anstrengung für Hans (und seine Gattin). Er bittet den König, ihm vier Männer als Gehilfen bereitzustellen, dass sie die stachelige Haut verbrennen und ihn damit befreien. Feuer ist ein Symbol der Reinigung. Das Verbrennen des Leichnams befreit von den irdischen Sünden (Verunreinigungen). Die Igelhaut hat Hans zum Schutz gebraucht. Sonst wäre seine Seele an dieser Welt zerbrochen. Weil er die Ruhe, Besinnung, Einkehr bekam, die der suchende Geist benötigt, konnte er über das kreative Tun zu sich, zum Leben und schließlich in die Welt zurückfinden, in der er zuvor nie richtig gewesen war.

»Wie die Glocke nun elfe schlug, da ging er in die Kammer und streifte die Igelshaut ab, und ließ sie vor dem Bett liegen, da kamen die Männer und holten sie geschwind und warfen sie ins Feuer, und als sie das Feuer verzehrt hatte, da war er erlöst und lag da im Bett ganz als ein Mensch gestaltet, aber er war kohlschwarz wie gebrannt. Der König schickte zu seinem Arzt, der wusch ihn mit guten Salben und balsamierte ihn, da ward er weiß und war ein schöner junger Herr.«

Hans ist durch die Aufrichtigkeit und Liebe der Prinzessin erlöst und die ist zurecht »froh, und sie stiegen auf mit Freuden, aßen und tranken und es ward die Vermählung gehalten, und Hans mein Igel bekam das Königreich von dem alten König.«

Ende gut, alles gut. Doch das Märchen ist noch nicht zu Ende.

Epilog

Sollte ein ordentliches Märchen hier nicht zuende sein? Freilich klingt das wie der übliche Schluss in einem Märchen, wo der Protagonist die Königstochter und das Reich, also himmlische und weltliche Fülle erlangt. Doch hier geht es weiter. Hans ist noch nicht wirklich erlöst. Ein letztes, entscheidendes Quäntchen fehlt noch. Eine alte, tiefe, sehr frühe Wunde. Und ein alter, sehr greiser Vater.

»Wie etliche Jahre herum waren, fuhr er mit seiner Gemahlin zu seinem Vater und sagte, er wäre sein Sohn, der Vater aber sprach, er hätte keinen, er hätte nur einen gehabt, der wär' aber wie ein Igel mit Stacheln geboren worden und in die Welt gegangen. Da gab er sich zu erkennen, und der alte Vater freute sich und ging mit ihm in sein Königreich.«

Der Vater hat sich noch immer nicht bewegt, aber der erlöste Sohn erlöst auch den Vater. Liebe kennt nur eine Logik und die heißt ja. Von einem, der erlöst ist, breitet sich Erlösung in alle Richtungen aus. So einer ist wie die Sonne, die auch auf Gut und Böse gleichermaßen scheint.

Die Erlösung durch Liebe ermöglicht auch die Weitergabe von Liebe. Die Zärtlichkeit und Nachsicht, die Hans schon früher in der Bezeichnung Väterchen zum Ausdruck gebracht hat, finden jetzt ihre Erfüllung. Der Vater wird in die Erlösung einbezogen. Erst dadurch wird sie vollkommen.

Spaziergänge durch den Zauberwald

Dieses oder andere Märchen können Sie sich auf viele verschiedene Arten weiter erschließen. Fraglos ist es gut, oft und viele Märchen* zu lesen, um sich in ihre besondere Bildsprache einzufühlen, um sich mehr und mehr im Reich der Seele und ihren Archetypen zuhause zu fühlen.

Um Märchen wirklich zu verstehen, muss man sehr genau lesen, jedes Detail wertschätzen und sich ganz für ihre tiefe Symbolik öffnen. Die Symbolik erwächst zu einem guten Teil einem animistischen Welterleben und der damit verbundenen naturweisen Ordnung. Diese Perspektive auf die Wirklichkeit ist heute nicht mehr vertraut.

Über das Lesen hinaus gibt es verschiedene Möglichkeiten, sich in der Märchenwelt zu bewegen. Eine expressive Weise, sich ein Märchen zu erschließen, ist, seine Bilder zu erleben. Lassen Sie sich ein Märchen vorlesen. Setzen Sie sich entspannt hin und tun Sie nichts anderes, als zuzuhören und sich jede Szene intensiv als Bild vorzustellen. Hören Sie also nicht auf die Wörter, sondern sehen Sie die Bilder. Es ist gut, dabei die Augen zu schließen.

Anmerkung Verwenden Sie keine Märchen-Kassetten, die irgendwie inszeniert sind, auf denen der oder die Sprecher ihre Stimme zur In-

* Mit Märchen meine ich immer unsere nordeuropäischen Volksmärchen. Kunstmärchen oder Märchen aus anderen Kulturen mögen erbaulich sein, doch sie berühren nicht die Tiefe unsere Seele, wie es nur das Erbgut unserer eigenen Kultur tun kann.

terpretation nutzen, um der, den Figuren Gestalt zu geben. Lassen Sie sich vorlesen und lesen Sie Ihren Kindern vor. Möglichst ›unprofessionell‹, also ohne Inszenierung und Interpretation. Dann kann die Seele die Bilder des Märchens selbst inszenieren, so wie sie es braucht.

Hören sie also passiv zu und erschaffen, so gut Sie können, Ihre privaten Bilder. Am Ende des Vortrags bleiben Sie still bei sich und horchen in sich hinein: Welches Bild klingt am drängendsten nach? Lassen Sie es sich in ihrer geistigen Vorstellung entwickeln. Malen Sie es vor Ihrem geistigen Auge aus.

Und dann malen Sie es! Nehmen Sie ein großes Blatt Papier, mindestens DIN A3, besser A2, und dicke farbige Stifte. Wachsstifte sind gut geeignet. Oder malen Sie mit Wasserfarben (Gouache) und einem kräftigen (Borsten-) Pinsel. Nehmen Sie keine feinen Stifte oder fieselige Pinselchen. Malen Sie brachial, aus dem Bauch und mit dem ganzen Arm.

Gestalten Sie Ihr geistiges Bild aus. Lassen Sie sich nicht von vermeintlichem oder tatsächlichem künstlerischen Unvermögen abschrecken und malen Sie die Szene des Märchens, die Sie besonders berührt, auf die Ihnen gemäße Weise. Drücken Sie sich aus.

Sie können das mit »Das Mädchen ohne Hände« tun, aber auch mit jedem anderen Märchen. Ihre Seele sucht sich schon, was sie braucht.

Beobachten Sie beim Malen Ihre Emotionen. Unvoreingenommen. Wenn Sie fertig sind mit Ihrem Bild, betrachten Sie in aller Ruhe, was (nicht wie) Sie gemalt haben. Natürlich ist dabei das Gespräch mit einem neutralen, aber einfühlsamen Dritten und/oder in einer Gruppe sehr hilfreich.

Eine weitere Form der Auseinandersetzung mit Ihrem Lieblingsmärchen (oder jedem anderen) besteht darin, direkte Zwiesprache mit Ihrem inneren Kind zu nehmen. Dazu gehen Sie das Märchen Schritt für Schritt durch und fragen sich, beziehungsweise Ihr inneres Kind zu jeder Szene, jedem Bild, jeder Figur, jedem Aspekt (so, wie Sie mögen), was es dazu zu sagen hat.

Märchenkinder

Behinderungen begegnen uns vielfältig im Märchen. Der eine ist winzig klein, ein anderer ist blind, hat abgehauene Hände oder ist ganz oder teilweise tierisch. Alle diese Märchenkinder sind zunächst seelisch behindert. Das Märchen spielt ja im Seelenraum, im Feinstofflichen, im Akasha. Jede Behinderung hat dort ihren Anfang. Ein gewalttätiger Eingriff erzeugt eine Störung in dem Verdichtungsprozess, als der sich die organische Genese darstellt. Wo sich die Struktur noch hätte zu einem Arm steigern sollen, wird die dafür vorgesehene Kraft durch den Eingreifer neutralisiert. In diesem Spiel von Angriff und Verteidigung erzeugt die Natur die endlose Vielfalt der Individuen wie in einem Würfelbecher.

Die wenigsten Behinderungen zeigen sich physisch. Aber die nicht gesehen werden, werden auch nicht wirklich wichtig genommen in dieser Gesellschaft. Jedes Zurückbleiben hinter einer optimal möglichen Entwicklung kann letztlich als Behinderung gesehen werden. Wenn ein vollständig entwickelter Mensch erleuchtet ist, dann ist jeder Nicht-Erleuchtete entsprechend behindert. Ein paradoxes Spiel mit einem ernsten Thema?

Statt sich als Moralapostel gegen Einsichten zu wehren, stände es den meisten Erwachsenen besser, sich ernsthaft anzusehen, wie sie Kinder tagtäglich und ganz praktisch behandeln. Es nützt niemandem, auf die Behinderung zu schauen, denn davon geht sie nicht weg. Wenn aber einer nicht gut rechnen kann, warum auch immer, ist es genauso nicht gut, auf diese Behinderung zu schauen, davon geht auch die nicht weg. Trotzdem predigen die meisten Erwachsenen ihren Kindern (und allen anderen, meist vor allem sich selbst), was sie alles falsch machen, nicht können und sowieso nie lernen werden.

Wenn das Kind auf diese Weise ›lernt‹, dass es zu nichts wert ist und deshalb auch nicht liebenswert wird, kann das für seine Entfaltung kaum förderlich sein. So kann sich die Prophezeiung der Eltern im Versagen der Kinder erfüllen. So ist Behinderung auch Familienschicksal.

Es gibt nur einen Weg, mit Behinderungen umzugehen und ihren Bann zu brechen, und den zeigen wieder einmal die Märchen, nämlich jedes Kind so zu nehmen wie es ist, als ein individuelles Geschenk des universellen Lebens, das uns viele Rätsel aufgibt und auf dieser Daseinsebene nicht wirklich verstanden werden kann. Das Märchen sagt uns aber im Sinne Christi: Es ist inwendig in dir.

Lasst mich doch einfach so sein, wie ich bin. Liebt mich, wie ich bin. Dann werde ich in der Wärme eurer Liebe so gut wachsen, wie es nur geht. Denn nichts anderes will ich, wachsen und euch, meinen Eltern, damit Freude machen. So pulsiert es in jedem Baby und es strahlt so in Liebe dabei, dass sich jedes Gesicht, wie finster auch immer, aufhellt, wenn es ein Baby sieht. Doch das Baby kann sich nur auf dieser Ebene ausdrücken, die noch vor dem Gefühl zu liegen scheint, etwas Himmlisches, Astrales. Und das Baby kann sich kaum wehren gegen die sprachliche und nonverbale Konditionierung auf das Schlechte und das Versagen, die praktisch mit der Geburt einsetzt und nicht aufhört, bis der neue Erdenbürger das Leben genauso verzweifelt und negativ sieht, wie die Welt um ihn herum.

Was Kinder wirklich brauchen, behindert oder nicht, ist das Gefühl von Geborgenheit, Sicherheit. Das hat viel auch mit Wärme und Ruhe zu tun. Zusammen am Herd liegen und nur nahe beieinander sein. Wo ist noch Raum dafür in unserer Zeit? Wir haben in dieser Gesellschaft eine Situation entstehen lassen, in der das rein physiologische Heranwachsen eines Kindes mit seiner Individuation, seiner seelischen Entwicklung immer stärker dissoziiert und diese mangelnde seelische Entwicklung immer forscher durch Intellektualisierung substituiert wird. Der Verlust der Märchen ist ein Symptom dieses Erosionsprozesses menschlicher Werte.

Kinder sind heute in ihrer neurologischen Entwicklung zunehmend auffällig und allerlei Maßnahmen werden diskutiert, ergriffen und revidiert. Aber es wird nicht gefragt, warum das so ist. Es wird nicht berücksichtigt, wie es sich auf die Entwicklung der Kinder auswirkt, wenn Wirtschaftswachstum und Profitmaximierung gnadenlos vorangetrieben werden. Wie wirken sich Gewalt in der sog. Unterhaltung, Promiskuität und nicht endende Schreckensnachrichten weltweit rund um die Uhr auf die seelische Entwicklung von Kindern aus? Wie viel Energie entziehen diese ständigen Eingriffe der seelischen Entwicklung unserer Kinder? Und zu welchem Zweck? Zur Sicherung ihrer Zukunft etwa?

Märchenkinder machen ihren Eltern keine Vorwürfe. Was geschehen ist, ist geschehen. Jeder muss selbst für sich Verantwortung übernehmen und die Interessen der Gemeinschaft zu seinen eigenen machen. Kann das übermäßige Ansammeln von Besitz als Ausdruck von Macht wichtiger sein, als das Glück, jeden Tag neu zu leben?

Märchenkinder schreiten voran in eine ungewisse Zukunft. Sie wissen, dass ihre reine Seele sie immer beschützen wird. Das macht ihnen Mut. Sie wissen, dass sie nur acht geben müssen, ihre Seele immer rein zu bewahren. Deswegen werden Märchenkinder erlöst. Und dabei ist es so ganz und gar unwichtig, wie behindert oder hochintelligent sie sind, ob sie Down-Kind sind oder Indigo. Erlöst ist erlöst. Was mehr können wir in diesem Leben verwirklichen?

Inhalt

Die Deutsche Bibliothek – CIP-Einheitsaufnahme

Ein Titeldatensatz ist bei der Deutschen Bibliothek erhältlich

www.param-verlag.de

Fotos Karl-Heinz Koch
Illustrationen Nataly Meenen
Satz und Gestaltung ComGraphiX, Ahlerstedt
Druck und Verarbeitung Druckerei Steinmeier, Nördlingen

ISBN 3-88755-241-5